COMMENTAIRE HISTORIQUE SUR LES ŒUVRES DE L'AUTEUR DE LA HENRIADE, &c.

Avec les Piéces originales & les preuves.

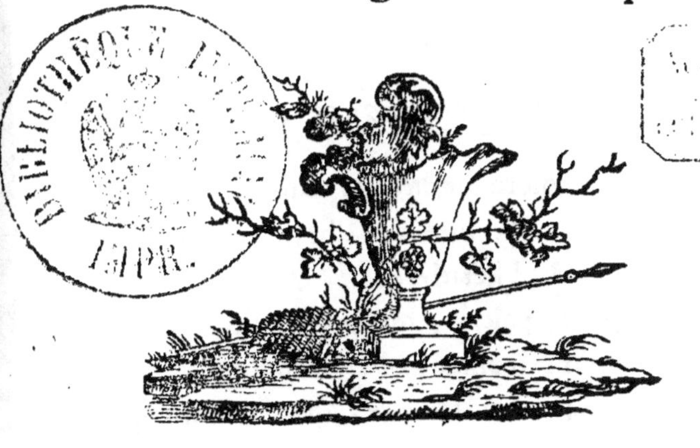

A BASLE,
Chez les Héritiers de PAUL DUKER.

1776.

J'ai vu les Piéces originales & les preuves qui font dans le Commentaire, & je les ai remifes entre les mains du Sr. Wagn.... *le* 1er *May* 1776.

Signé Du Rey, Avocat.

J'ai confronté les mêmes Piéces & je les ai trouvées entiérement conformes aux originaux. *le* 1er *Juin* 1776.

Signé Christin.

Fautes Typographiques à corriger.

Page 16, au numero *mettez* 16 aulieu de 42.

Page 22. *ligne* 13. la fille de l'héritiére, *corrigez* la fille & l'héritiére.

Page 27. *ligne* 3. paîtris, *corrig.* paîtrit.

Page 29. *ligne* 11. connu, *corrig.* connus.

Page 152. *ligne* 4. de vôtre age, *corr.* à vôtre age.

LISTE

Des Lettres véritables de Mr. de V.... qui ſont à la fin du Commentaire.

A Mr. Tovaſi, ſur la langue italienne & ſur la françaiſe. Page 123

A Mr. le comte de Caylus, ſur un monument de ſculpture par Bouchardon. 135

A Mr. Clairaut, ſur les Comètes. 139

A Mr. de la Noue, ſur la tragédie de Mahomet ſecond. 145

A Mr. de la Valière, ſur Urceus Codrus. 154

A Mr. L...... célebre avocat, ſur des points d'hiſtoire. 169

A Mr. l'avocat L......, ſur Monteſquieu & Grotius.

A Mr. de M. L. C., ſur les ſyſtêmes de phyſique. 180

Au même, ſur les qualités occultes. 183

A un Avocat, ſur la bizarrerie des loix. 188

A Mr. de Faugères, ſur un monument. 190

A l'Auteur d'un poëme épique ſur Joſué. 196

A Mr. Walpole, ſur la tragédie & ſur l'hiſtoire. 199

A un Ministre d'Etat, sur les systêmes politiques. 210
A Mr. Tiriot, sur des systêmes ridicules de physique. 212
A Mylord Chesterfield. 216
A un Inconnu, sur la mort. 218
A Mr. le prince G., sur un livre nouveau. 220
A Mr. le chevalier Hamilton, sur le Vesuve. 223
A Mr. Du M....., sur des anecdotes anciennes. 227
A Mr. de Chaban..., sur Pindare & Horace. 235
A une célèbre Actrice. 240
A Mr. Bertinelli, sur le Dante. 243
A Mr. M...., sur des questions métaphysiques. 247
A Mr. M...., sur les Lettres prétendues du Pape Ganganelli. 250
Au même, sur les fausses anecdotes. 260
Au même, sur le cocher Gilbert. 264
A Mr. l'abbé Spalanzani, sur les limassons qui reprennent leurs têtes & sur des animaux qu'on ressuscite. 270
A Mr. B....., sur l'astronomie. 273
Sesostris. 279

COMMENTAIRE HISTORIQUE.

JE tâcherai dans ces Commentaires ſur un homme de Lettres de ne rien dire que d'un peu utile aux Lettres ; & ſurtout de ne rien avancer que ſur des papiers originaux. Nous ne ferons aucun uſage ni des ſatires, ni des panégiriques preſque innombrables, qui ne ſeront pas appuyés ſur des faits authentiques.

Les uns font naître FRANÇOIS DE VOLTAIRE le 20 Février 1694 ; les autres le 20 Novembre de la même année. Nous avons des médailles de lui qui portent ces deux dates ; il nous a dit pluſieurs fois qu'à ſa naiſſance on déſeſpéra de ſa vie: & qu'ayant été ondoyé, la cérémonie de ſon batême fut différée pluſieurs mois.

Quoique je penſe que rien n'eſt plus inſipide que les détails de l'enfance & du collège, cependant je dois dire, d'après ſes propres écrits, & d'après la voix publique qu'à l'âge d'environ douze ans, ayant fait des vers qui paraiſſaient au-deſſus de cet âge, l'abbé de Chateauneuf, intime ami de la célèbre Ninon de l'Enclos, le mena chez elle, & que cette fille ſi ſingulière lui légua par ſon teſtament une ſomme de deux mille francs pour acheter des livres, laquelle ſomme lui fut exactement payée. Cette petite pièce de vers, qu'il avait faite au collège, eſt probablement celle qu'il compoſa pour un Invalide qui avait ſervi dans le régiment Dauphin, ſous Monſeigneur fils unique de Louis XIV. Ce vieux ſoldat était allé au collège des Jéſuites prier un régent de vouloir bien lui faire un placet en vers pour Monſeigneur: le régent lui dit qu'il était alors trop occupé, mais qu'il y avait un jeune écolier qui pouvait faire ce qu'il demandait. Voici les vers que cet enfant compoſa.

Digne fils du plus grand des Rois,
Son amour & notre espérance,
Vous qui, sans régner sur la France,
Régnés sur le cœur des François;
Souffrez-vous que ma vieille veine,
Par un effort ambitieux,
Ose vous donner une étrenne,
Vous qui n'en recevez que de la main des Dieux?
On a dit qu'à votre naissance
Mars vous donna la vaillance,
Minerve la sagesse, Apollon la beauté:
Mais un Dieu bienfaisant, que j'implore en mes peines,
Voulut aussi me donner mes étrennes,
En vous donnant la libéralité.

Cette bagatelle d'un jeune écolier valut quelques louis d'or à l'Invalide, & fit quelque bruit à Versailles & à Paris. Il est à croire que dès-lors le jeune homme fut déterminé à suivre son penchant pour la poésie. Mais je lui ai entendu dire à lui-même, que ce qui l'y engagea plus fortement fut qu'au sortir du collège, ayant été envoyé aux écoles de Droit par son père, trésorier de la Chambre des Comptes, il fut si choqué de la manière dont on y enseignait la Jurisprudence, que cela seul le tourna entièrement du côté des Belles-Lettres.

Tout jeune qu'il était, il fut admis dans la société de l'abbé de Chaulieu, du marquis de la Fare, du duc de Sulli, de l'abbé Courtin. Et il nous a dit plusieurs fois que son père l'avait cru perdu, parce qu'il voyait bonne compagnie, & qu'il faisait des vers.

Il avait commencé dès l'âge de dix-huit ans la tragédie d'Œdipe, dans laquelle il voulut mettre des chœurs à la manière des Anciens. (*) Les Comédiens eurent beaucoup de répugnance à jouer une tragédie, traitée par Corneille & en possession du théâtre : ils ne la représentèrent qu'en 1718; & encor fallut-il de la protection. Le jeune homme, qui était fort dissipé & plongé dans les plaisirs de son âge, ne sentit point le péril, & ne s'embarassait point que sa Pièce réussit ou non : il badinait sur le théâtre, & s'avisa de porter la queue du Grand-Prêtre dans une scène où ce même Grand-Prêtre faisait un

---

(*) Nous avons une Lettre du savant Dacier de 1713, dans laquelle il exhorte l'auteur qui avait déjà fait sa pièce à y joindre des chœurs chantant à l'exemple des Grecs. Mais la chose était impraticable sur le théatre Français.

effet très-tragique. Madame la maréchale de Villars, qui était dans la premiere loge, demanda quel était ce jeune homme qui faisait cette plaisanterie, apparemment pour faire tomber la pièce; on lui dit que c'était l'auteur. Elle le fit venir dans sa loge, & depuis ce tems, il fut attaché à Monsieur le maréchal & à Madame jusqu'à la fin de leur vie, comme on peut le voir par cette épitre imprimée.

Je me flattais de l'espérance
D'aller gouter quelque repos
Dans votre maison de plaisance;
Mais Vinache à ma confiance,
Et j'ai donné la préférence,
Sur le plus grand des Héros,
Au plus grand Charlatan de France, &c.

Ce fut à Villars qu'il fut présenté à Monsieur le duc de Richelieu, dont il acquit la bienveillance, qui ne s'est point démentie pendant soixante années.

Ce qui est aussi rare, & ce qui à peine a été connu, c'est que Monseigneur le Prince de Conti, père de celui qui a été si célèbre par les journées de la barricade de Démont & de Château Dauphin, fit pour lui des vers dont voici les derniers.

„ Ayant puiſé ſes vers aux eaux de l'Aganippe,
„ Pour ſon premier projet il fait le choix d'Œdipe,
„ Et quoique dès longtems ce ſujet fut connu,
„ Par un ſtile plus beau cette pièce changée
„ Fit croire des Enfers Racine revenu,
„ Ou que Corneille avait la ſienne corrigée."

Je n'ai pu retrouver la réponſe de l'auteur d'Œdipe. Je lui demandai un jour s'il avait dit au Prince en plaiſantant: Monſeigneur, vous ſerez un grand poëte; il faut que je vous faiſſe donner une penſion par le Roi. On prétend auſſi qu'à ſouper il lui dit: Sommes-nous tous Princes, ou tous Poëtes? — Il me répondit: *Delicta juventutis meæ ne memineris, Domine.*

Il commença la Henriade à St. Ange chez Monſieur de Caumartin, Intendant des finances, après avoir fait Œdipe & avant que cette Pièce fut jouée. Je lui ai entendu dire plus d'une fois que quand il entreprit ces deux ouvrages, il ne comptait pas les pouvoir finir, & qu'il ne ſavait ni les règles de la tragédie, ni celles du poëme épique; mais qu'il fut ſaiſi de tout ce que Monſieur de Caumartin, très-ſavant dans l'hiſtoire, lui contait de Henri IV, dont ce reſpectable vieillard était idolâtre; & qu'il commença cet ouvrage par pur enthousiasme, sans presque y faire réflexion. Il lut un jour plusieurs chants de ce poëme chez le jeune Président de Maisons son intime ami. On l'impatienta par des objections; il jetta son manuscrit dans le feu. Le Président Hénaut l'en retira avec peine. „ Souvenez-vous (lui dit Mr. „ Hénaut) dans une de ses lettres, que c'est „ moi qui ai sauvé la Henriade, & qu'il „ m'en a couté une belle paire de manchet- „ tes. " Plusieurs copies de ce poëme, qui n'était qu'ébauché, coururent quelques années après dans le public; il fut imprimé avec beaucoup de lacunes sous le titre de *la Ligue.*

Tous les poëtes de Paris, & plusieurs savans se déchaînèrent contre lui. On lui décocha vingt brochures. On joua la Henriade à la Foire: on dit à l'ancien Evèque de Fréjus, Précepteur du Roi, qu'il était indécent & même criminel de louer l'amiral de Coligni & la reine Elibabeth. La cabale fut si forte qu'on engagea le cardinal de Bissi, alors Président de l'Assemblée du Clergé, à censurer juridiquement l'ouvrage; mais une ſi étrange procédure n'eut pas lieu. Le jeune auteur fut également étonné & piqué de ces cabales. Sa vie très diſſipée l'avait empèché de ſe faire des amis parmi les gens de Lettres ; il ne ſavait point oppoſer intrigue à intrigue : ce qui eſt dit-on, abſolument néceſſaire dans Paris, quand on veut réuſſir en quelque genre que ce puiſſe être.

Il donna la tragédie de Mariamne en 1722. Mariamne était empoiſonnée par Hérode ; lorſqu'elle but la coupe, la caballe cria : *la Reine boit*, & la Pièce tomba. Ces mortifications continuelles le déterminèrent à faire imprimer en Angleterre la Henriade, pour laquelle il ne pouvait obtenir en France, ni privilège, ni protection. Nous avons vu une lettre de ſa main écrite à Mr. Dumas d'Aiguebère, depuis Conſeiller au Parlement de Toulouſe, dans laquelle il parle ainſi de ce voyage.

> Je ne dois pas être plus fortuné
> Que le Héros célèbré ſur ma vielle :
> Il fut proſcrit, perſécuté, damné
> Par les dévots & leur douce ſequelle :
> En Angleterre il trouva du ſecours,
> J'en vais chercher. . . . .

Le reſte des vers eſt déchiré : elle finit

par ces mots : „ Je n'ai pas le nez tourné à „ être Prophète en mon pays ". Il avait raison. Le Roi George Ier. & furtout la Princeffe de Galles, qui depuis fut Reine, lui firent une fouſcription immenſe : ce fut le commencement de ſa fortune. Car étant revenu en France en 1728, il mit ſon argent à une Lotterie établie par Mr. Desforts, Contrôleur général des finances. On recevait des rentes ſur l'Hôtel-de-Ville pour billets, & on payait les lots argent comptant ; de ſorte qu'une ſociété, qui aurait pris tous les billets, aurait gagné un million. Il s'aſſocia avec une Compagnie nombreuſe & fut heureux. C'eſt un des aſſociés qui m'a certifié cette anecdote, dont j'ai vu la preuve ſur ſes régiſtres. Mr. de V..... lui écrivait: „ Pour faire ſa fortune dans ce pays-„ ci, il n'y a qu'à lire les Arrèts du Conſeil. „ Il eſt rare qu'en fait de Finances le Mi-„ niſtère ne ſoit forcé à faire des arran-„ gements dont les particuliers profitent. "

Cela ne l'empêcha pas de cultiver les Belles-Lettres qui étaient ſa paſſion dominante. Il donna en 1730 ſon Brutus, que je regarde comme ſa tragédie la plus fortement écrite, ſans même en excepter Mahomet. Elle fut très-critiquée. J'étais en 1731 à la première repréſentation de Zaïre; & quoiqu'on y pleura beaucoup, elle fut ſur le point d'être ſifflée. On la parodia à la Comédie Italienne, à la Foire, on l'appella la Pièce des Enfans-trouvés, Arlequin au Parnaſſe.

Un Académicien l'ayant propoſé en ce tems-là pour remplir une place vacante à laquelle notre auteur ne ſongeait point, Mr. de Boze déclara que l'auteur de Brutus & de Zaïre ne pouvait jamais devenir un ſujet Académique.

Il était lié alors avec l'illuſtre marquiſe du Chatellet, & ils étudiaient enſemble les principes de Newton & les ſyſtèmes de Leibnitz. Ils ſe retirèrent pluſieurs années à Cirey en Champagne, Mr. Kœnig, grand mathématicien y vint paſſer deux ans entiers. Mr. de V.... y fit bâtir une gallerie, où l'on fit toutes les expériences ſur la lumière & ſur l'électricité. Ces occupations ne l'empèchèrent pas de donner le 27 Janvier 1736, la tragédie d'Alzire ou des Américains qui eut un grand ſuccès. Il attribua cette réuſſite à son absence : il disait *laudantur ubi non sunt, sed non cruciantur ubi sunt.*

Celui qui se déchaina le plus contre Alzire fut l'ex-jésuite Desfontaines. Cette avanture est assez singulière : ce Desfontaines avait travaillé au Journal des Savans sous Mr. l'abbé Bignon, & en avait été exclus en 1723. Il s'était mis à faire des espèces de Journaux pour son compte, & était ce que Mr. de V... appelle un *Folliculaire.* Ses mœurs étaient assez connues. Il avait été pris en flagrant délit avec de petits savoyards, & mis en prison à Bissètre. On commençait à instruire son procès, & on voulait le faire bruler ; parce qu'on disait que Paris avait besoin d'un exemple. Mr. de V.... employa pour lui la protection de Madame la marquise de Prie. (*) Nous avons encor une des lettres que Desfontaines écrivit à son libérateur ; elle a été imprimée parmi les lettres du marquis d'Argens Déguille, page 228, Tome Ier. „ Je n'oublierai jamais „ les obligations que je vous ai : votre bon „ cœur est encore au-dessus de votre esprit :

(*) Cette lettre est du 31 May. La date de l'année n'y est pas, mais elle est de 1724.

„ ma vie doit être employée à vous marquer
„ ma reconnaiſſance. Je vous conjure d'ob-
„ tenir encore que la Lettre de cachet qui
„ ma tiré de Biſsètre & qui m'exile à trente
„ lieues de Paris, ſoit levée, &c." "

Quinze jours après, le même homme imprime un libelle diffamatoire contre celui pour lequel il devait employer ſa vie. C'eſt ce que je découvre par une lettre de Mr Tiriot du 16 Août, tirée du même recueil. Cet abbé Desfontaines eſt celui-là même qui, pour ſe juſtifier, diſait à Mr. le comte d'Argenſon : *il faut que je vive* ; & à qui Mr. le comte d'Argenſon répondit : *Je n'en vois pas la néceſſité.*

Ce prêtre ne s'adreſſait plus à des ramoneurs depuis ſon avanture de Biſsètre. Il élevait de jeunes Français dans ſes deux métiers de non-conformiſte & de folliculaire, il leur montrait à faire des ſatyres, il compoſait avec eux des libelles diffamatoires intitulé Voltairomanie & Voltairiana, c'était un ramas de contes abſurdes. On en peut juger par une des Lettres de Mr. le duc de Richelieu, ſignée de ſa main, dont nous avons retrouvé l'original. Voici les propres mots. „ *Ce livre eſt bien ri-*

dicule & bien plat. Ce que je trouve d'admirable, c'est que l'on y dit que Madame de Richelieu vous avait donné cent Louis & un carosse, avec des circonstances dignes de l'auteur & non pas de vous, mais cet homme admirable oublie que j'étais veuf en ce tems-là, & que je ne me suis remarié que plus de quinze ans après, &c. signé, *le duc de Richelieu 8 Février 1739.*

Mr. de V.... ne se prévalait pas même de tant de témoignages authentiques, & ils seraient perdus pour sa mémoire si nous ne les avions retrouvés avec peine dans le chaos de ses papiers.

Je tombe encor sur une Lettre du marquis d'Argenson, ministre des Affaires étrangères. *C'est un vilain homme que cet abbé Desfontaines, son ingratitude est encor pire que ses crimes qui vous avaient donné lieu de l'obliger, 7 Février 1739.*

Voilà les gens à qui Mr. de V.... avait à faire, & qu'il appellait *la canaille de la littérature. Ils vivent*, disait-il, *de brochures & de crimes.*

Nous voyons qu'en effet un homme de cette trempe nommé l'abbé Makarti, qui se disait des nobles Makarti d'Irlande & qui se disait aussi homme de Lettres, lui emprunta une somme assez considérable, & alla avec cet argent se faire mahométan à Constantinople: sur quoi Mr. de V.... dit, *Makarti n'est allé qu'au Bosphore; mais Desfontaines s'est réfugié plus loin vers le lac de Sodome.* (*)

Il paraît que les contradictions, les perversités, les calomnies qu'il essuyait à chaque Pièce qu'il faisait représenter, ne pouvaient l'arracher à son goût, puisque la même année il donna la comédie de l'Enfant-prodigue le 10 Octobre; mais il ne la donna point sous son nom; & il en laissa le profit à deux jeunes élèves qu'il avait formés, Mrs. Linant & Lamarre qui vinrent à Cirey où il était avec Madame du Chatellet. Il donna Linant pour Précepteur au fils de Madame du Chatellet, qui a été depuis Lieutenant Gl. des armées, & Ambassadeur à Vienne & à Londres. La comédie de l'Enfant-prodigue eut un grand succès. L'auteur écrivit à Mlle. Quinaut: „ Vous „ savez garder les secrets d'autrui comme les

(*) Nous avons vu une obligation de 500 L. d'argent prêté chez Perret notaire 1er. Juillet 1730. mais nous n avons pu trouver celle de 2000 L.

„ vôtres. Si l'on m'avait reconnu, la Pièce „ aurait été sifflée. Les hommes n'aiment pas „ qu'on réussisse en deux genres. Je me suis „ fait assez d'ennemis par Œdipe & la Hen- „ riade “.

Cependant il embrassait dans ce tems-là même un genre d'étude tout différent: il composait les Elémens de la Philosophie de Newton, philosophie qu'alors on ne connaissait presque point en France. Il ne put obtenir un privilège du Chancelier d'Agueſſeau, Magiſtrat d'une science universelle; mais qui, ayant été élevé dans le syſtème Cartésien, écartait les nouvelles découvertes autant qu'il pouvait. L'attachement de notre auteur pour les principes de Newton & de Loke lui attira une foule de nouveaux ennemis. Il écrivait à Mr. Fakener, le même auquel il avait dédié Zaïre: „ On croit que les Fran- „ çais aiment la nouveauté, mais c'eſt en „ fait de cuiſine & de modes; car pour les „ vérités nouvelles, elles sont toujours pros- „ crites parmi nous: ce n'eſt que quand el- „ les sont vieilles, qu'elles sont bien re- „ çues, &c. “

Nous avons recouvré une lettre qu'il écrivit longtems après à Mr. Clairaut sur ces sciences abstraites; elle paraît mériter d'être conservée. On la trouvera à son rang dans ce recueil.

Pour se délasser des travaux de la physique, il s'amusa à faire le poëme de la Pucelle? Nous avons des preuves que cette plaisanterie fut presque composée toute entière à Cirey. Madame du Chatellet aimait les vers autant que la géométrie & s'y connaissait parfaitement. Quoique ce Poëme ne fut que comique, on y trouva beaucoup plus d'imagination que dans la Henriade. Mais la Pucelle fut indignement violée par des polissons grossiers, qui la firent imprimer avec des ordures intolérables. Les seules bonnes éditions sont celles de Genève.

Il fallut quitter Cirey pour aller solliciter à Bruxelles un procès que la maison du Chatellet y soutenait depuis longtems contre la maison de Honsbrouk, procès qui pouvait les ruiner l'une & l'autre. Mr. de V...., conjointement avec Mr. Raesfeld, Président de Clèves, accommoda enfin cet ancien différent, moyennant cent-trente mille francs, argent

argent de France, qui furent payés à Mr. le marquis du Chatellet.

Le malheureux & célèbre Rousseau était alors à Bruxelles. Madame du Chatellet ne voulut point le voir, elle savoit que Rousseau avoit fait autrefois une satyre contre le Baron de Breteuil son père, dans le tems qu'il était son domestique, & nous en avons la preuve dans un papier écrit tout entier de la main de Madame du Chatellet.

Les deux Poëtes se virent, & bientôt conçurent une assez forte aversion l'un pour l'autre. Rousseau, ayant montré à son antagonistes une Ode à la Postérité, celui-ci lui dit : *mon ami, voilà une lettre qui ne sera jamais reçue à son adresse.* Cette raillerie ne fut jamais pardonnée. Il y a une lettre de Mr. de V. à Mr. Linant, dans laquelle il dit : " Rousseau me méprise, parce que je néglige quelquefois la rime, & moi je le méprise parce qu'il ne sait que rimer. " (*)

(*) Nous observons qu'une lettre d'un Sr. de Médin à un Sr. de Messe du 17 Février 1737, prouve assez que le poëte Rousseau ne s'était pas corrigé à Bruxelles

Les extrêmes bontés avec lesquelles le Roi de Prusse l'avaient prévenu, lui firent bien oublier la haine de Rousseau. Ce Monarque était Poëte aussi, mais il avait tous les talens de sa place & de ceux qui n'en étaient

---

xelles. La voici. „ Vous allez être étonné du malheur
„ qui m'arrive : il m'est revenu des Lettres protestées:
„ on m'enlève mercredi au soir, & on me met en
„ prison : croiriez-vous que ce coquin de Rousseau
„ cet indigne, ce monstre qui depuis six mois n'a
„ bu & mangé que chez moi, à qui j'ai rendu les
„ plus grands services & en nombre, a été la cau-
„ se qu'on m'a pris ; c'est lui qui a irrité contre
„ moi le porteur des Lettres ; & qu'enfin ce mons-
„ tre, vomi des enfers, achevant de boire avec
„ moi à ma table, de me baiser, de m'embras-
„ ser, a servi d'espion pour me faire enlever à
„ minuit. Non, jamais trait n'a été si noir ; je ne
„ puis y penser sans horreur. Si vous saviez tout
„ ce que j'ai fait pour lui ! Patience ; je compte
„ que notre correspondance n'en sera pas altérée.
„ Quelle différence entre cet hypocrite & Mr. de
„ Voltaire : ce dernier m'accorde ses bontés & ses
„ secours. "

Il faut avouer qu'une telle action sert beaucoup à justifier Saurin & la sentence & l'arrêt qui bannirent Rousseau. Mais nous n'entrons pas dans les profondeurs de cette affaire si funeste & si deshonorante.

pas. Une correfpondance fuivie était établie depuis longtems entre lui & notre auteur, lorfqu'il était Prince royal héréditaire. On a imprimé quelques-unes de leurs lettres dans les recueils qu'on a fait des ouvrages de Mr. de V....

Ce Prince venait, à fon avénement à la Couronne, de vifiter toutes les frontières de fes Etats. Son defir de voir les troupes françaifes & d'aller incognitò à Strasbourg & à Paris lui fit entreprendre le voyage de Strasbourg, fous le nom de comte du Four; mais ayant été reconnu par un foldat qui avait fervi dans les armées de fon père, il retourna à Clèves.

Plus d'un curieux a confervé dans fon porte-feuille une lettre en profe & en vers, dans le goût de Chapelle, écrite par ce Prince fur ce voyage de Strasbourg. L'étude de la langue & de la poefie françaife, celle de la mufique italienne, de la philofophie & de l'hiftoire avaient fait fa confolation dans les chagrins qu'il avait effuyés pendant fa jeuneffe. Cette lettre eft un monument fingulier d'un homme qui a gagné depuis tant de batailles : elle eſt écrite avec grace & légéreté; en voici quelques morceaux.

„ Je viens de faire un voyage entremêlé „ d'avantures ſingulières, quelquefois fâ- „ cheuſes & ſouvent plaiſantes. Vous ſavez „ que j'étais parti pour Bruxelles, afin de „ revoir une ſœur que j'aime autant que je „ l'eſtime. Chemin faiſant Algaroti & moi „ nous conſultions la carte géographique „ pour régler notre retour par Vezel. Stras- „ bourg ne nous détournait pas beaucoup; „ nous choiſimes cette route par préférence : „ l'incognitò fut réſolu; enfin tout arrangé „ & concerté au mieux, nous crûmes aller „ en trois jours à Strasbourg.

„ Mais le ciel qui de tout diſpoſe
„ Régla différemment la choſe.
„ Avec des courſiers efflanqués,
„ En droite ligne iſſus de Roſſinante,
„ Des payſans en poſtillons maſqués,
„ Nos caroſſes cent fois dans la route accrochés,
„ Nous allions gravement d'une allure indolente."

On dit qu'il écrivait tous les jours de ces lettres agréables au courant de la plume. Mais il venait de compoſer un ouvrage bien plus ſérieux & plus digne d'un grand Prince: c'était la réfutation de Machiavel. Il l'avait envoyé à Mr. de Voltaire pour le faire imprimer, il lui donna rendez-vous dans un petit château, appellé Meuſe, auprès de Clèves. Celui-ci lui dit: „ Sire, ſi j'avais été „ Machiavel, & ſi j'avais eu quelque accès „ auprès d'un jeune Roi, la première choſe „ que j'aurais faite, aurait été de lui con„ ſeiller d'écrire contre moi. " Depuis ce tems, les bontés du monarque Pruſſien redoublèrent pour l'Homme de lettres français, qui alla lui faire ſa cour à Berlin, ſur la fin de 1740, avant que le Roi ſe préparat à entrer en Siléſie.

Alors le cardinal de Fleury lui prodigua les cajoleries les plus flatteuſes, dont il ne parait pas que notre voyageur fut la dupe. Voici ſur cette matière une anecdote bien ſingulière, & qui pourait jetter un grand jour ſur l'hiſtoire de ce ſiècle. Le cardinal écrivit à Mr. de Voltaire le 14 Novembre 1740 une grande Lettre oſtenſible dont j'ai copie: on y trouve ces propres mots.

„ *La corruption eſt ſi générale, & la bonne* „ *foi eſt ſi indécemment bannie de tous les cœurs* „ *dans ce malheureux ſiècle, que ſi on ne ſe te-*

„ *nait pas bien fermes dans les motifs supérieurs* „ *qui nous obligent à ne point nous en départir,* „ *on serait quelquefois tenté d'y manquer dans* „ *de certaines occasions. Mais le Roi mon Maî-* „ *tre fait voir du moins qu'il ne se croit point* „ *en droit d'avoir de cette espèce de représail-* „ *les ; & dans le moment de la mort de l'Em-* „ *pereur il assura Mr. le Prince de Lichtenstein* „ *qu'il garderait fidélement tous ses engage-* „ *mens* ".

Ce n'est point à moi d'examiner comment après une telle Lettre on put en 1741 entreprendre de dépouiller la fille de l'héritière de l'empereur Charles VI. Ou le cardinal de Fleury changea d'avis, ou cette guerre se fit malgré lui. Mon commentaire ne regarde point la politique, à laquelle je suis absolument étranger ; mais en qualité de Littérateur je ne puis dissimuler ma surprise de voir un homme de cour & un académicien dire *qu'on se tient ferme dans des motifs qui obligent à ne se point départir de ces motifs ; qu'on serait tenté de manquer à ces motifs & qu'on est en droit d'avoir de ces espèces de représailles.* Voilà bien des fautes contre la langue en peu de mots.

Quoi qu'il en ſoit, je vois très-clairement que mon Auteur n'avait aucune envie de faire fortune par la politique : puiſque, de retour à Bruxelles, il ne s'occupa que de ſes chères Belles-Lettres. Il y fit la tragédie de Mahomet, & alla bientôt après avec Madame du Chatellet faire jouer cette pièce à Lille, où il y avait une fort bonne troupe dirigée par le Sr. Lanoue; auteur & comédien. La fameuſe Demoiſelle Clairon y jouait, & montrait déjà les plus grands talens. Madame Denis, nièce de l'auteur, femme d'un Commiſſaire ordonnateur des Guerres, ancien Capitaine au régiment de Champagne, tenait un aſſez grand état à Lille, qui était du département de ſon mari. Madame du Chatellet logea chez elle; je fus témoin de toutes ces fêtes; Mahomet fut très bien joué.

Dans un entre-acte on apporta à l'auteur une lettre du Roi de Pruſſe, qui lui apprenait la victoire de Molvitz; il la lut à l'aſſemblée ; on battit des mains : „ *Vous* „ *verrez*, dit-il, *que cette Pièce de Molvitz* „ *fera réuſſir la mienne* ".

Elle fut repréſentée à Paris le 19 Août de la même année. Ce fut-là qu'on vit plus que jamais à quel excès se peut porter la jalousie des gens de Lettres, sur tout en fait de théâtre. L'abbé Desfontaines, & un nommé Bonneval que Mr. de V.... avait secouru dans ses besoins, ne pouvant faire tomber la tragédie de Mahomet, la déférèrent, comme une Pièce contre la Religion chrétienne, au Procureur général. La chose alla si loin que le cardinal de Fleury conseilla à l'auteur de la retirer. Ce conseil avait force de loi; mais l'auteur la fit imprimer, & la dédia au Pape Benoît XIV. Lambertini, qui avait déjà beaucoup de bontés pour lui. Il avait été recommandé à ce Pape par le cardinal Passionei, homme de Lettres célèbre avec lequel il était depuis longtems en correspondance. Nous avons quelques lettres de ce Pape à Mr. de V.... Sa Sainteté voulut l'attirer à Rome; & il ne s'est jamais consolé de n'avoir point vu cette Ville qu'il appellait la capitale de l'Europe.

Mahomet ne fut rejoué que longtems après par le crédit de Madame Denis, malgré Crébillon alors approbateur des Pièces de théâtre sous les ordres du Lieutenant de Police. On fut obligé de prendre Mr. d'Alembert pour approbateur. Cette manœuvre de Crébillon parut assez malhonnête à la bonne compagnie. La pièce est restée en possession du théâtre dans le tems même ou ce spectacle a été le plus négligé. Il avouait qu'il se repentait d'avoir fait Mahomet beaucoup plus méchant que ce grand homme ne le fut. Mais si je n'en avais fait qu'un héros politique , écrit il à un de ses amis, la pièce était sifflée. Il faut dans une tragédie de grandes passions & de grands crimes. Au reste dit-il quelques lignes après, le *genus implacabile vatum* me persécute plus que l'on ne persécuta Mahomet à la Mecque. On parle de la jalousie & des manœuvres qui troublent les Cours , il y en a plus chez les gens de Lettres.

Après toutes ces tracasseries, Messieurs de Réaumur & de Mairan lui conseillèrent de renoncer à la poésie qui n'attirait que de l'envie & des chagrins, de se donner tout entier à la physique , & de demander une place à l'Académie des sciences, comme il en avait une à la Société royale de Londres, & à l'Institut de Boulogne. Mais Mr. de Fourmont son ami , homme de Lettres infiniment aimable, lui ayant écrit une Lettre en vers pour l'exhorter à ne pas enfouïr son talent, voici ce qu'il lui répondit.

A mon très cher ami Fourmont
Demeurant sur le double-mont,
Au-dessus de Vincent Voiture,
Vers la taverne où Bachaumont
Buvait & chantait sans mesure,
Où le plaisir & la raison
Ramenaient le tems d'Épicure.

Vous voulez donc que des filets
De l'abstraite philosophie
Je revole au brillant palais
De l'agréable poësie,
Au pays où régnent Thalie
Et le cothurne & les sifflets.

Mon ami, je vous remercie
D'un conseil si doux & si sain.
Vous le voulez; je cède enfin
A ce conseil, à mon destin;
Je vais de folie en folie,
Ainsi qu on voit une Catin
Passer du Guerrier au Robin,
Au gras Prieur d'une Abbaye
Au Courtisan, au Citadin:

Ou bien, si vous voulez encore,
Ainsi qu'une abeille au matin
Va sucçer les pleurs de l'aurore

Ou ſur l'abſinte ou ſur le thim ;
Toujours travaille & toujours cauſe ;
Et vous paîtris ſon miel divin.
Des gratte-cus & de la roſe.

Et auſſitôt il travailla à ſa Mérope. La tragédie de Mérope, première pièce profane, qui réuſſit ſans le ſecours d'une paſſion amoureuſe, & qui fit à notre auteur plus d'honneur qu'il n'en eſpérait, fut repréſentée le 26 Février 1743. Je ne puis mieux faire connaître ce qui ſe paſſa de ſingulier ſur cette tragédie qu'en rapportant la lettre qu'il écrivit, le 4 Avril ſuivant, à ſon ami Mr. d'Aiguebère qui était à Toulouſe.

„ La Mérope n'eſt pas encor imprimée : „ je doute qu'elle réuſſiſe à la lecture autant „ qu'à la repréſentation. Ce n'eſt point moi „ qui ai fait la piece ; c'eſt Mlle. Duménil. „ Que dites-vous d'une Actrice qui fait pleu- „ rer pendant trois actes de ſuite ? Le Pu- „ blic a pris un peu le change : il a mis ſur „ mon compte une partie du plaiſir extrême „ que lui ont fait les acteurs. La ſéduction „ a été au point que le Parterre a demandé „ à grands cris à me voir. On m'eſt venu „ prendre dans une cache, où je m'étais ta-

„ pi : on m'a mené de force dans la loge „ (*) de Madame la maréchale de Villars, „ ou était sa Belle-fille. Le Parterre était „ fou : il a crié à la duchesse de Villars de „ me baiser, & il a tant fait de bruit qu'elle „ a été obligée d'en passer par là, par l'or- „ dre de sa Belle-mère. J'ai été baisé publi- „ quement, comme Alain Chartier par la „ princesse Marguerite d'Ecosse ; mais il dor- „ mait, & j'étais fort éveillé. Cette faveur „ populaire, qui probablement passera bien- „ tôt, m'a un peu consolé de la petite per- „ sécution de *Boyer*, ancien Evêque de Mi- „ repoix, toujours plus Théatin qu'Evêque. „ L'Académie, le Roi & le Public m'avaient „ désigné pour succéder au cardinal de „ Fleury parmi les Quarante. *Boyer* n'a pas „ voulu ; & il a trouvé à la fin, après deux „ mois & demi un Prélat pour remplir la „ place d'un Prélat, selon les Canons de l'E-

---

(*) C'est de là qu'est venue la mode ridicule de crier l'auteur - l'auteur . . . . . . , quand une Pièce bonne ou mauvaise réussit à la premiere représentation.

„ glise. (*) Je n'ai pas l'honneur d'être
„ Prêtre ; je crois qu'il convient à un profane
„ comme moi de renoncer à l'Académie.

„ Les Lettres ne sont pas extrêmement fa-
„ vorisées. Le Théatin m'a dit que l'éloquen-
„ ce expirait ; qu'il avait en vain voulu la
„ ressusciter par ses sermons ; que personne
„ ne l'avait *sécondé.* Il voulait dire, *écouté.*

„ On vient de mettre à la Bastille l'abbé
„ Langlet, pour avoir publié des Mémoires
„ déja très connu qui servent de supplément
„ à l'Histoire de notre célèbre de Thou. L'in-
„ fatigable & malheureux Langlet rendait un
„ signalé service aux bons citoyens, & aux
„ amateurs des Recherches historiques. Il
„ méritait des récompenses ; on l'emprisonne
„ cruellement à l'âge de soixante & huit ans.
„ Cela est tirannique.

„ *Insere nunc, Melibœe, piros ; pone ordine vites.*

„ Madame du Chatellet vous fait ses com-
„ plimens. Elle marie sa fille à Mr. le duc

(*) Je trouve une lettre du 3 Mars 1743, de Mr. l'Archevêque de Narbonne qui se désiste en faveur de Mr. de Voltaire.

» de Monténero, napolitain, au grand nez, » à la taille courte, à la face maigre & noire, » à la poitrine enfoncée. Il eſt ici & va nous » enlever une françaiſe aux joues rébondies. » *Vale & me ama.* V....

Nous le voyons bientôt après faire un nouveau voyage auprès du Roi de Pruſſe, qui l'appellait toujours à Berlin ; mais pour lequel il ne pouvoit quitter longtems ſes anciens amis. Il rendit dans ce voyage au Roi ſon Maître un ſignalé ſervice, comme nous le voyons par ſa correſpondance avec Mr. Amelot miniſtre d'état. Mais ces particuliarités ne ſont pas l'objet de notre Commentaire. Nous n'avons en vue que l'Homme de lettre.

Le fameux comte de Bonneval devenu pacha Turc, & qu'il avait vu autrefois chez Mr. le Grand-Prieur de Vendôme, lui écrivit alors de Conſtantinople, & fut en correſpondance avec lui pendant quelque tems. On n'a retrouvé de ce commerce épiſtolaire qu'un ſeul fragment que nous tranſcrivons.

» Aucun Saint, avant moi, n'avait été » livré à la diſcrétion du Prince Eugène. Je » ſentais qu'il y avait une eſpèce de ridicule » à me faire circoncire ; mais on m'aſſura

„ bientôt qu'on m'épargnerait cette opéra-
„ tion en faveur de mon âge. Le ridicule de
„ changer de Religion ne laissait pas encore
„ de m'arrêter : il est vrai que j'ai toujours
„ pensé qu'il est fort indifférent à Dieu qu'on
„ soit Musulman, ou Chrétien, ou Juif,
„ ou Guèbre : j'ai toujours eu sur ce point
„ l'opinion du duc d'Orleans régent, des
„ ducs de Vendôme, de mon cher marquis
„ de la Fare, de l'abbé de Chaulieu & de
„ tous les honnêtes gens avec qui j'ai passé
„ ma vie. Je savais bien que le Prince Eu-
„ gène pensait comme moi & qu'il en aurait
„ fait autant à ma place; enfin il fallait per-
„ dre ma tête, ou la couvrit d'un turban.
„ Je confiai ma perplexité à Lamira qui était
„ mon domestique, mon interprête & que
„ vous avez vû depuis en France avec *Saïd*
„ *Effendi* : il m'amena un *Iman* qui était plus
„ instruit que les Turcs ne le sont d'ordi-
„ naire. Lamira me présenta à lui comme
„ un cathécumène fort irrésolu. Voici ce que
„ ce bon Prêtre lui dicta en ma présence;
„ Lamira le traduisit en français : je le con-
„ serverai toute ma vie.

„ Notre Religion est incontestablement la

„ plus ancienne & la plus pure de l'Univers
„ connu : c'eſt celle d'Abraham ſans aucun
„ mélange ; & c'eſt ce qui eſt confirmé dans
„ notre ſaint livre où il eſt dit *Abraham était*
„ *fidèle ; il n'était ni Juif, mi Chrétien, ni*
„ *Idolâtre*. Nous ne croyons qu'un ſeul Dieu
„ comme lui, nous ſommes circoncis comme
„ lui ; & nous ne regardons la Mecque com-
„ me une ville ſainte, que parce qu'elle l'é-
„ tait du tems même d'Iſmaël fils d'Abraham.

„ Dieu a certainement répandu ſes béné-
„ dictions ſur la race d'Iſmaël, puiſque ſa
„ Religion eſt étendue dans preſque toute
„ l'Aſie, & dans preſque toute l'Afrique, &
„ que la race d'Iſaac n'y a pas pu ſeulement
„ conſerver un pouce de terrein.

„ Il eſt vrai que notre Religion eſt peut-
„ être un peu mortifiante pour les ſens ; Ma-
„ homet a réprimé la licence que ſe don-
„ naient tous les Princes de l'Aſie ; d'avoir
„ un nombre indéterminé d'épouſes. Les
„ Princes de la ſecte abominable des Juifs
„ avaient pouſſé cette licence plus loin que
„ les autres : David avait dix-huit femmes :
„ Salomon ſelon les Juifs en avait juſqu'à

„ ſept-

» fept-cent ; notre Prophète réduifit le nombre à quatre.

» Il a défendu le vin & les liqueurs fortes, » parce qu'elles dérangent l'ame & le corps, » qu'elles caufent des maladies, des querel- » les, & qu'il eft bien plus aifé de s'abftenir » tout-à-fait que de fe contenir.

» Ce qui rend fur-tout notre Religion » fainte & admirable, c'eft qu'elle eft la » feule où l'aumône foit de droit-étroit. » Les autres religions confeillent d'être » charitable ; mais pour nous, nous l'or- » donnons expreffément fous peine de dam- » nation éternelle.

» Notre Religion eft auffi la feule qui dé- » fende les jeux de hazard fous les mêmes » peines ; & c'eft ce qui prouve bien la pro- » fonde fageffe de Mahomet. Il favait que le » jeu rend les hommes incapables de travail, » & qu'il transforme trop fouvent la fociété en » un affemblage de dupes & de fripons, &c.

Il y a ici plufieurs lignes fi blafphématoires que nous n'ofons les copier. On peut les paffer à un Turc ; mais une main chrétienne ne peut les tranfcrire.

» Si donc ce Chrétien ci-préfent veut ab-

„ jurer ſa ſecte idolâtre, & embraſſer celle
„ des victorieux Muſulmans, il n'a qu'à pro-
„ noncer devant moi notre ſainte formule,
„ & faire les prières & les ablutions preſ-
„ crites.

„ Lamira m'ayant lu cet écrit me dit: Mr.
„ le comte, ces Turcs ne ſont pas ſi ſots
„ qu'on le dit à Vienne, à Rome & à Paris. —
„ Je lui répondis que je ſentais un mouve-
„ ment de grace Turque intérieure, & que
„ ce mouvement conſiſtait dans la ferme eſ-
„ pérance de donner ſur les oreilles au prince
„ Eugène, quand je commanderais quelques
„ bataillons Turcs.

„ Je prononçai mot-à-mot d'après l'Iman
„ la formule: *Alla illa allah Mohammed re-
„ ſoul allah.* Enſuite on me fit dire la prière
„ qui commence par ces mots: *Benamyezdam
„ Bakshaeïer dâdâr*, au nom de Dieu clé-
„ ment & miſéricordieux, &c.

„ Cette cérémonie ſe fit en préſence de
„ deux Muſulmans qui allèrent ſur le champ
„ en rendre compte au Pacha de Boſnie.
„ Pendant qu'ils faiſaient leur meſſage, je me
„ fis raſer la tête, & l'Iman me la couvrit
„ d'un turban, &c.

Je pourai joindre à ce fragment curieux quelques chanſons du comte Pacha ; mais quoique ces couplets ſoient fort gais, ils ne ſont pas ſi intéreſſants que ſa proſe.

Je n'aurai rien à dire de l'année 1744, ſinon que mon auteur fut admis dans preſque toute les Académies de l'Europe, &, ce qui eſt ſingulier, dans celle de *La Cruſca*. Il avait fait une étude ſérieuſe de la langue italienne, témoin une lettre de l'éloquent cardinal Paſſionei qui commence par ces mots.

„ J'ai lu & relu, toujours avec un nou-
„ veau plaiſir, votre lettre italienne belle &
„ ſavante. Il eſt difficile de concevoir com-
„ ment un homme qui poſſède à fond d'au-
„ tres langues a pu atteindre à la perfection
„ de celle-ci. . . . .
„ . . . .
„ La remarque qui eſt dans votre lettre ſur les
„ erreurs des plus grands hommes vient fort
„ à propos; car le ſoleil à ſes taches & ſes
„ éclipſes ; celles-ci ſont obſervées dans le
„ dernier des almanachs ; &, comme vous
„ le penſez très-bien, les cenſeurs trop ſévè-
„ res ont ſouvent beſoin que nous ayons
„ pour eux plus d'indulgence que pour ceux

„ qu'ils reprennent. Homère, Virgile, le
„ Taffe & plufieurs autres perdront peu fur
„ une petite & légère faute qui eft couverte
„ par mille beautés ; mais les Zoïles feront
„ toujours ridicules, & ne fauront pas dif-
„ tinguer les perles du fumier d'Ennius, &c. "

Ce cardinal écrivait, comme on voit, en français prefque auffi bien qu'en italien, & penfait très-judicieufement. Nos Zoïles ne lui échappaient pas.

Mr. de V.... fur la fin de 1774 eut un Brevet d'Hiftoriographe de France, qu'il qualifie de *magnifique bagatelle.* Il était déjà connu par fon Hiftoire de *Charles XII*, dont on a fait tant d'éditions. Cette hiftoire fut principalement compofée en Angleterre à la campagne avec Mr. Fabrice chambellan de *George premier*, Electeur de Hanovre, Roi d'Angleterre, qui avait réfidé fept ans auprès de Charles XII, après la journée de Pultava.

C'eft ainfi que la Henriade avait été commencée à St. Ange d'après les converfations avec Mr. de Caumartin.

Cette hiftoire fut très-louée pour le ftile & très-critiquée pour les faits incroyables. Mais les critiques & les incrédules cefferent, lorfque le Roi *Stanislas* envoya à l'auteur par Mr. le comte de Treſſan lieutenant général une atteſtation authentique conçue en ces termes. „ Mr. de Voltaire n'a oublié ni dé„ placé aucun fait, aucune circonſtance; „ tout eſt vrai, tout eſt dans ſon ordre. Il „ a parlé ſur la Pologne & ſur tous les évé„ nements qui ſont arrivés, comme s'il „ avait été témoin oculaire. Fait à Comercy „ onze Juillet 1759. "

Dès qu'il eut un de ces titres d'Hiſtoriographe, il ne voulut pas que ce titre fut vain, & qu'on dit de lui ce qu'un commis du Tréſor-royal diſait de Racine & de Boileau: *nous n'avons encore vu de ces Meſſieurs que leur ſignature.* Il écrivit la guerre de 1741, qui était alors dans toute ſa force, & que vous retrouvés dans le ſiecle de *Louis XIV* & de *Louis XV.* (*)

Il était alors à Etiole avec cette belle Madame d'Etiole qui fut depuis la marquiſe de Pompadour. La Cour ordonna des fêtes pour

(*) Elle a été imprimée ſéparément, & ridiculement falſifiée.

le commencement de l'année 1745, où l'on devait marier le Dauphin avec l'Infante d'Efpagne. On voulut des Ballets avec de la mufique chantante, & une efpèce de Comédie qui fervit de liaifon aux vers. Il en fut chargé, quoi qu'un tel fpectacle ne fut point de fon goût. Il prit pour fujet une princeffe de Navarre. La Pièce eft écrite avec légéreté. Mr. de la Popeliniere Fermier-général, mais lettré y mêla quelques Ariettes; la mufique fut compofée par le fameux Rameau.

Madame d'Étiole obtint alors pour Mr. de V.... le don gratuit d'une charge de Gentil homme ordinaire de la Chambre. C'était un préfent d'environ foixante mille livres; & préfent d'autant plus agréable que peu de tems après il obtint la grace fingulière de vendre cette place, & d'en conferver le titre, les privilèges & les fonctions.

Peu de perfonnes connaiffent le petit impromptu qu'il fit fur cette grace qui lui avait été accordée, fans qu'il l'eut follicitée deux fois.

Mon Henri quatre & ma Zaïre
Et mon Américaine Alzire
Ne m'ont valu jamais un feul regard du Roi.

J'avais mille ennemis avec très peu de gloire ;
Les honneurs & les biens pleuvent enfin ſur moi,
Pour une Farce de la Foire.

Il avait eu cependant longtems auparavant une penſion du Roi de deux mille livres, & une de quinze cent de la Reine, mais il n'en ſollicita jamais le payement.

L'Hiſtoire étant devenue un de ſes devoirs il commença quelque choſe du *ſiècle de Louis XIV* : mais il différa de le continuer, il écrivit la Campagne de 1744, & la mémorable bataille de Fontenoi. Il entra dans tous les détails de cette Journée intéreſſante. On y trouve juſqu'au nombre des morts de chaque régiment. Le comte d'Argenſon, Miniſtre de la guerre, lui avait communiqué les Lettres de tous les officiers. Le maréchal de Noailles & le maréchal de Saxe lui avaient confié des Mémoires.

Je crois faire un grand plaiſir à ceux qui veulent connaître les événemens & les hommes, de tranſcrire ici la Lettre que Mr. le marquis d'Argenſon, Miniſtre des Affaires-étrangères, & frère ainé du Secrétaire d'Etat de la guerre, écrivit du champ de bataille à Mr. de Voltaire.

„ Monſieur l'Hiſtorien, vous aurez dû „ apprendre dès mercredi au ſoir la nouvelle „ dont vous nous félicités tant. Un Page „ partit du champ de bataille le mardi à deux „ heures & demie pour porter les Lettres; „ j'apprends qu'il arriva le mercredi à cinq „ heures du ſoir à Verſailles. Ce fut un beau „ ſpectacle que de voir le Roi & le Dauphin „ écrire ſur un tambour entourés de vain- „ queurs & de vaincus, morts, mourants „ & priſonniers. Voici des anecdotes que „ j'ai remarquées.

„ J'eus l'honneur de rencontrer le Roi di- „ manche tout près du champ de bataille; „ j'arrivai de Paris au quartier de *Chin*. J'ap- „ pris que le Roi était à la promenade; je „ demandai un cheval, je joignis Sa Ma- „ jeſté près d'un lieu d'où l'on voyait le camp „ des Ennemis; j'appris pour la première „ fois de S. M. de quoi il s'agiſſait tout à „ l'heure (à ce qu'on croyait.) Jamais je „ n'ai vu d'homme ſi gai de cette avanture „ qu'était le Maître. Nous diſcutâmes juſte- „ ment ce point hiſtorique que vous traités „ en quatre lignes, quels de nos Rois avaient „ gagné les dernières batailles royales. Je

„ vous assure que le courage ne faisait point
„ tort au jugement, ni le jugement à la mé-
„ moire. Delà on alla coucher sur la paille.
„ Il n'y a point de nuit de bal plus gaye ;
„ jamais tant de bons mots. On dormit tout
„ le tems qui ne fut pas coupé par des Cou-
„ riers, des Graffins & des Aides-de-camp.
„ Le Roi chanta une chanson qui a beau-
„ coup de couplets & qui est fort drole. Pour
„ le Dauphin il était à la bataille comme à
„ une chasse de lièvre, & disait presque :
„ quoi ! n'est-ce que cela ? Un boulet de
„ canon donna dans la boue & crotta un
„ homme près du Roi. Nos Maitres rirent
„ de bon cœur du barbouillé. Un palfre-
„ nier de mon frère a été blessé a la tête
„ d'une balle de mousquet ; ce domestique
„ était derrière la compagnie.

„ Le vrai, le sûr, le non flatteur c'est
„ que c'est le Roi qui a gagné lui-même la
„ bataille par sa volonté, par sa fermeté.
„ Vous verrez des rélations & des détails ;
„ vous saurez qu'il y a eu une heure terri-
„ ble où nous vîmes le second tôme de Det-
„ tingue, nos français humiliés devant cet-
„ te fermeté anglaise ; leur feu roulant qui

„ reſſemble à l'enfer, que j'avoue qui rend
„ ſtupides les ſpectateurs les plus oiſifs, alors
„ on déſeſpéra de la république. Quelques-
„ uns de nos Généraux, qui ont plus de
„ courage, de cœur, que d'eſprit, donnè-
„ rent des conſeils fort prudents. On en-
„ voya des ordres juſqu'à Lille; on doubla
„ la garde du Roi; on fit emballer, &c. A
„ celà le Roi ſe moqua de tout & ſe porta
„ de la gauche au centre, demanda le corps
„ de réſerve; & le brave Lœvendal; mais
„ on n'en eut pas beſoin. Un faux corps de
„ réſerve donna. C'était la même cavalerie
„ qui avait d'abord donné inutilement, la
„ maiſon du Roi, les carabiniers, ce qui
„ reſtait tranquille des gardes françaiſes, des
„ irlandais excellents ſur tout quand ils mar-
„ chent contre des anglais & hanovriens.
„ Votre ami Mr. de Richelieu, eſt un vrai
„ Bayard; c'eſt lui qui a donné le conſeil &
„ qui l'a exécuté, de marcher à l'infanterie
„ comme des chaſſeurs, ou comme des fou-
„ rageurs pêle-mêle, la main baiſſée, le bras
„ racourci, maîtres, valets, officiers, ca-
„ valiers, infanterie, tout enſemble. Cette
" vivacité françaiſe dont on parle tant, rien

„ ne lui réſiſte ; ce fut l'affaire de dix mi-
„ nutes que de gagner la bataille avec cette
„ botte ſecrette. Les gros bataillons anglais
„ tournèrent le dos, & pour vous le faire
„ court on en a tué quatorze mille. (*)

Il eſt vrai que le canon a eu l'honneur de
„ cette affreuſe boucherie : jamais tant de
„ canons ni ſi gros, n'a tiré dans une ba-
„ taille générale qu'à celle de Fontenoi : il
„ y en avait cent. Monſieur, il ſemble que
„ ces pauvres ennemis ayent voulu à plaiſir
„ laiſſer arriver tout ce qui leur devait être
„ le plus mal ſain, canon de Douai, gen-
„ darmerie, mouſquetaires.

„ A cette charge dernière dont je vous
„ parlais n'oubliez pas une anecdote. Mon-
„ ſieur le Dauphin, par un mouvement na-
„ turel, mit l'épée à la main de la plus jo-
„ lie grace du monde, & voulait abſolument
„ charger ; on le pria de n'en rien faire.
„ Après cela, pour vous dire le mal comme
„ le bien, j'ai remarqué une habitude trop
„ tôt acquiſe de voir tranquillement ſur le

(*) Il manqua en effet quatorze mille hommes à l'appel ; mais il en revint environ ſix mille dès le jour même.

„ champ de bataille des morts nuds, des en„ nemis agonissants, des playes fumantes. „ Pour moi j'avouerai que le cœur me man„ qua, & que j'eus besoin d'un flacon. J'ob„ servai bien nos jeunes Héros; je les trou„ vai trop indifférents sur cet article. Je „ craignis pour la suite de leur longue vie „ que le goût vint à augmenter par cette in„ humaine curée.

„ Le triomphe est la plus belle chose du „ monde; les Vive le Roi, les chapeaux en „ l'air au bout des bayonnettes, les compli„ mens du Maître à ses guerriers, la visite „ des retranchemens, des villages & des re„ doutes si intactes, la joye, la gloire, la „ tendresse, mais le plancher de tout cela est „ du sang humain, des lambeaux de chair „ humaine.

„ Sur la fin du triomphe, le Roi m'hono„ ra d'une conversation sur la paix; j'ai dé„ pèché des couriers.

„ Le Roi s'est fort amusé hier à la tran„ chée; on a beaucoup tiré sur lui; il y est „ resté trois heures. Je travaillais dans mon „ cabinet qui est ma tranchée; car j'avoue„ rai que je suis bien reculé de mon cou-

„ rant par toutes ces dissipations. Je trem-
„ blais de tous les coups que j'entendais ti-
„ rer. J'ai été avant-hier voir la tranchée en
„ mon petit particulier. Cela n'est pas fort
„ curieux de jour. Aujourd'hui nous auront
„ un *Te Deum* sous une tente avec une sal-
„ ve générale de l'armée, que le Roi ira
„ voir du mont de la Trinité; cela sera beau.

„ J'assure de mes respects Madame du
„ Chatellet. Adieu Monsieur. "

C'est ce même marquis d'Argenson que quelques courtisans un peu frivoles appellaient d'Argenson la bête. On voit par cette lettre qu'il était d'un esprit agréable, & que son cœur était humain. Ceux qui le connaissaient voyaient en lui un philosophe plus qu'un politique, mais surtout un excellent citoyen. On en peut juger par son livre intitulé *Considérations sur le gouvernement*, imprimé en 1664, chez Marc-Michel Rey. Voyez surtout le chapitre *de la vénalité des Charges*. Je ne puis me défendre du plaisir d'en citer quelques passages.

„ Il est étonnant qu'on ait accordé une
„ approbation générale au livre intitulé Tes-
„ tament politique du cardinal de Richelieu,

„ ouvrage de quelque pédant eccléſiaſtique, „ & indigne du grand génie auquel on l'at- „ tribue, ne fut-ce que pour le chapitre où „ l'on canoniſe la vénalité des charges. Mi- „ ſérable invention qui a produit tout le „ mal qui eſt à redreſſer aujourd'hui, & par „ où les moyens en ſont devenus ſi péni- „ bles; car il faudrait les revenus de l'Etat „ pour rembourſer ſeulement les principaux „ Officiers qui nuiſent le plus. "

Ce paſſage important ſemble avoir annoncé de loin l'abolition (*) de cette honteuſe vénalité opérée en 1771, à l'étonnement de toute la France qui croyait cette réforme impoſſible. J'y découvre auſſi une uniformité de penſée avec Mr. de V.... qui a démontré les erreurs abſurdes dont fourmille le libelle ſi ridiculement attribué au cardinal de Richelieu, & qui a lavé la mémoire de cet habile & redoutable miniſtre de la ſouillure dont on couvrait ſon nom, en lui imputant cet impertinent ouvrage.

Tranſcrivons encore une partie du tableau

(*) Cette abolition en 1771, n'a été que paſſagère.

que le marquis d'Argenson fait des malheurs des agriculteurs.

„ A commencer par le Roi, plus on eſt „ grand à la Cour moins on ſe perſuade au- „ jourd'hui la miſère de la campagne : les „ Seigneurs des grandes Terres en entendent „ bien parler quelquefois : mais leurs cœurs „ endurcis n'enviſagent dans ce malheur que „ la diminution de leurs revenus. Ceux „ qui arrivent des Provinces, touchés de ce „ qu'ils ont vu, l'oublient bientôt par l'abon- „ dance des délices de la Capitale. *Il nous „ faut des ames fermes & des cœurs tendres „ pour perſévérer dans une pitié dont l'objet „ eſt abſent.* "

Ce Miniſtre citoyen avait toujours eu dès ſon enfance une tendre amitié pour Mr. de V.... J'ai vu une très-grande quantité de Lettres de l'un & de l'autre ; il en réſulte que le Secrétaire d'Etat employa l'Homme de Lettres dans pluſieurs affaires conſidérables pendant les années 1745. 1746. & 1747. C'eſt probablement la raiſon pour laquelle nous n'avons aucune pièce de théâtre de nôtre auteur pendant le cours de ces années.

Nous voyons par ſes papiers que l'entreprife d'une defcente en Angleterre en 1746 lui fut confiée. Le duc de Richelieu devait commander l'armée. Le Prétendant avait déjà gagné deux batailles, & on attendait une révolution. Mr. de V.... fut chargé de faire le Manifefte. Le voici tel que nous l'avons trouvé minuté de fa main.

MANIFESTE

Du Roi de France en faveur du Prince Charles Edouard.

„ Le Séréniffime prince Charles Edouard „ ayant débarqué dans la Grande Bretagne „ fans autre fecours que fon courage; & „ toutes fes actions lui ayant acquis l'admi- „ ration de l'Europe & les cœurs de tous „ les véritables anglais, le Roi de france a „ penfé comme eux. Il a cru de fon devoir „ de fécourir à la fois un prince digne du „ trône de fes ancêtres & une nation géné- „ reufe dont la plus faine partie rappelle en- „ fin le prince Charles Stuard dans fa patrie. „ Il n'envoye le duc de Richelieu à la tête de „ fes troupes que parce que les anglais les

„ mieux

„ mieux intentionnés ont demandé cet appui, „ & il ne donne précifément que le nombre „ des troupes qu'on lui demande, prêt à les „ retirer dès que la nation exigera leur éloi- „ gnement. Sa Majefté en donnant un fe- „ cours fi jufte à fon parent, au fils de tant „ de Rois, à un Prince fi digne de régner, „ ne fait cette démarche auprès de la nation „ Anglaife que dans le deffein & dans l'affu- „ rance de pacifier par-là l'Angleterre & l'Eu- „ rope, pleinement convaincu que le Sme. „ Prince Edouard met fa confiance dans leurs „ bonnes volontés, qu'il regarde leurs li- „ bertés, le maintien de leurs loix & leur „ bonheur, comme le but de toutes fes en- „ treprifes, & qu'enfin, les plus grands Rois „ d'Angleterre font ceux qui élevés comme „ lui dans l'adverfité, ont mérité l'amour de „ la nation.

„ C'eft dans ces fentiments que le Roi fe- „ court leur Prince qui eft venu fe jetter „ entre leurs bras, le fils de celui qui nâquit „ l'héritier légitime de trois royaumes, le „ guerrier, qui malgré fa valeur n'attend „ que d'eux & de leurs loix la confirmation „ de fes droits les plus facrés; qui ne peut

„ jamais avoir d'intérêts que les leurs, & „ dont les vertus enfin ont attendri les ames „ les plus prévenues contre sa cause.

„ Il espère qu'une telle occasion réunira „ deux nations qui doivent réciproquement „ s'estimer ; qui sont liées naturellement par „ les besoins mutuels de leur commerce, & „ qui doivent l'être ici par les intérêts d'un „ Prince qui mérite les vœux de toutes les „ nations.

„ Le duc de Richelieu, commandant les „ troupes de Sa Majesté le Roi de france, „ adresse cette déclaration à tous les fidèles „ citoyens des trois royaumes de la Grande-„ Bretagne, & les assure de la protection cons-„ tante du Roi son maitre. Il vient se joindre „ à l'héritier de leurs anciens Rois, & ré-„ pandre comme lui son sang pour leur service.

On voit par les expressions de cette pièce qu'elle fut dans tous les tems l'estime & l'inclination de l'auteur pour la nation anglaise ; & il a toujours persisté dans ces sentiments.

Ce fut l'infortuné comte de Lalli qui avait fait le projet & le plan de cette descente laquelle ne fut point effectuée. Il était né Irlandais, & il haissoit les anglais autant que nôtre auteur les aimait & les eſtimait. Cette haine était même chez Lalli une paſſion violente, à ce que nous a dit pluſieurs fois Mr. de V.... nous ne pouvons ici nous empêcher de témoigner nôtre profond étonnement que le général Lalli ait été accuſé depuis, d'avoir livré Pondicheri aux anglais. L'arrêt qui l'a condamné à la mort eſt un des jugements les plus extraordinaires qui aient été rendus dans nôtre ſiècle, c'eſt une ſuite des malheurs de la france. Cet exemple, & celui du maréchal de Marillac font aſſez voir que quiconque eſt à la tête des armées ou des affaires eſt rarement ſur de mourir dans ſon lit ou au lit d'honneur.

Ce fut en 1746 que Mr. de V.... entra dans l'Académie françaiſe. Il fut le premier qui dérogea à l'uſage faſtidieux de ne remplir un diſcours de réception que des louanges rebattues du cardinal de Richelieu. Il releva ſa harangue par des remarques nouvelles ſur la langue françaiſe & ſur le goût. Ceux qui ont été reçus après lui ont pour la plupart ſuivi & perfectionné cette méthode utile.

Il était en 1748 avec Madame du Chatellet à Lunéville aupres du Roi Staniſlas, lorſqu'il envoya à la comédie Nanine, repréfentée le 17 Juillet de cette année. Elle réuffit peu d'abord, mais elle eut enfuite un fuccès auffi grand que durable. Je ne puis attribuer cette bizarrerie, qu'à la fecrette inclination qu'on a d'humilier un homme qui a trop de renommée. Mais avec le tems on fe laiffe entrainer à fon plaifir.

Il arriva la même chofe à la première repréfentation de Sémiramis le 29 Août de la même année 1748. mais à la fin elle fit encor plus d'effet au théatre que Mérope & Mahomet.

Une chofe à mon avis, fingulière, c'eft qu'il ne donna point fous fon nom le panégirique de Louis XV, imprimé en 1749, & traduit en latin, en italien, en efpagnol & en anglais.

La maladie qui avait tant fait craindre pour la vie du Roi Louis XV, & la bataille de Fontenoi qui avait fait craindre encor plus pour lui & pour la france, rendaient l'ouvrage intéreffant. L'auteur ne loue que par les faits; & on y trouve un ton de philofophie qui caractérife tout ce qui eft forti de fa main. Ce panégirique était celui des officiers autant que de Louis XV : cependant il ne le présenta a personne, pas même au Roi. Il savait bien qu'il ne vivait pas dans le siècle de Pélisson. Aussi écrivait-il à Mr. de Formont l'un de ses amis

> Cet éloge a très-peu d'effet
> Nul mortel ne m'en remercie
> Celui qui le moins s'en soucie.
> Est celui pour qui je l'ai fait.

Cette même année 1749, il était dans le palais de Lunéville auprès du Roi Stanislas avec la marquise du Chatellet; cette Dame illustre y mourut. Le Roi de Prusse alors appella Mr. de V.... auprès de lui. Je vois qu'il ne se résolut à quitter la France, & à s'attacher à sa Majesté Prussienne pour le reste de sa vie que vers la fin du mois d'Août ou Auguste 1750, après avoir combattu pendant plus de six mois contre toute sa famille & contre tous ses amis qui le dissuadaient fortement de cette transplantation. Il ne put résister à cette Lettre que le Roi de Prusse lui écrivit de son apartement à la chambre de son nouvel hôte, dans le palais de Berlin, le vingt-trois Auguste, lettre qui a tant couru depuis & qui a été souvent imprimée.

„ J'ai vu la lettre que votre Nièce vous „ écrit de Paris. L'amitié qu'elle a pour vous „ lui attire mon eſtime. Si j'étais Madame „ Denis, je penſerais de même; mais étant „ ce que je ſuis, je penſe autrement. Je ſe- „ rais au déſeſpoir d'être cauſe du malheur „ de mon ennemi; & comment pourais-je „ vouloir l'infortune d'un homme que j'eſ- „ time, que j'aime & qui me ſacrifie ſa pa- „ trie & tout ce que l'humanité a de plus „ cher? Non, mon cher Voltaire, ſi je pou- „ vais prévoir que votre tranſplatation put „ tourner le moins du monde à votre déſa- „ vantage, je ſerais le premier à vous en „ diſſuader. Oui, je préférerais votre bon- „ heur au plaiſir extrême que j'ai de vous „ avoir. Mais vous êtes philoſophe, je le „ ſuis de même: qu'y a-t-il de plus natu- „ rel, de plus ſimple & de plus dans l'ordre „ que des philoſophes faits pour vivre en- „ ſemble, réunis par la même étude, par le „ même goût & par une façon de penſer „ ſemblable, ſe donnent cette ſatisfaction? „ Je vous reſpecte comme mon maître en „ éloquence & en ſavoir; je vous aime com- „ me un ami vertueux. Quel eſclavage, que

„ malheur, quel changement, quelle inconſ-
„ tance de fortune y a-t-il à craindre dans
„ un pays où l'on vous eſtime autant que
„ dans votre patrie, & chez un ami qui a
„ un cœur reconnaiſſant ? Je n'ai point la
„ folle préſomption de croire que Berlin vaut
„ Paris. Si les richeſſes, la grandeur & la
„ magnificence font une ville aimable, nous
„ le cédons à Paris. Si le bon goût peut-être
„ plus généralement répandu ſe trouve dans
„ un endroit du monde ; je ſais & j'en
„ conviens que c'eſt à Paris. Mais vous,
„ ne portez-vous pas ce goût par tout où
„ vous êtes ? Nous avons des organes qui
„ nous ſuffiſent pour vous aplaudir ; & en
„ fait de ſentimens, nous ne le cédons à
„ aucun pays du monde. J'ai reſpecté l'a-
„ mitié qui vous liait à Madame du Cha-
„ tellet ; mais après elle j'étais un de vos
„ plus anciens amis. Quoi ! parce que vous
„ vous retirés dans ma maiſon, il ſera dit
„ que cette maiſon devient une priſon pour
„ vous ? Quoi ! parce que je ſuis votre
„ ami, je ſerai votre tyran ? Je vous avoue
„ que je n'entends pas cette Logique là ;
„ que je ſuis fermement perſuadé que vous

„ ferez fort heureux ici tant que je vivrai ; „ que vous ferez regardé comme le pere des „ lettres & des gens de goût, & que vous „ trouverez en moi toutes les consolations „ qu'un homme de votre mérite peut attendre de quelqu'un qui l'estime. Bon soir ".

FRÉDERIC.

Le Roi de Prusse, après cette Lettre, fit demander au Roi de France son agrément, par son Ministre ; le Roi de France le donna. Notre auteur eut à Berlin la croix du mérite, la clef de Chambellan, & vingt mille francs de pension. Cependant il ne quitta jamais sa maison de Paris ; & j'ai vu par les comptes de Mr. Delaleu notaire à Paris, qu'il y dépensait trente mille francs par an. Il était attaché au Roi de Prusse par la plus respectueuse tendresse & par la conformité des goûts. Il a dit cent fois que ce Monarque était aussi aimable dans la societé que redoutable à la tête d'une armée ; qu'il n'avait jamais fait de soupers plus agréables à Paris, que ceux auxquels ce Prince voulait bien l'admettre tous les jours. Son enthousiasme pour le Roi de Prusse allait jusqu'à la passion. Il couchait au dessous de son appartement, & ne sortait de sa chambre que pour souper. Le Roi composait en haut des ouvrages de philosophie, d'histoire & de poésie; & son favori cultivait en bas les mêmes arts & les mêmes talens. Il s'envoyaient l'un à l'autre leurs ouvrages. Le monarque Prussien fit à Postdam son histoire de Brandebourg, & l'écrivain français y fit le siècle de *Louis XIV*, ayant apporté avec lui tous ses matériaux. Ses jours coulaient ainsi dans un repos animé par des occupations si agréables. On représentait à Paris son *Oreste* & *Rome sauvée*. *Oreste* fut joué sur la fin de 1749, & *Rome sauvée* en 1760.

Ces deux pièces sont absolument sans intrigue d'amour, ainsi que *Mérope & la mort de César*. Il aurait voulu purger le théâtre de tout ce qui n'eût pas *passion* & avanture tragique. Il regardait *Electre* amoureuse comme un monstre orné de rubans sales; & il a manifesté ce sentiment dans plus d'un ouvrage.

Nous avons retrouvé une lettre en vers au Roi de Prusse en lui envoyant le manuscrit d'Oreste.

Grand juge, & grand feseur de vers,
Lisez cette œuvre dramatique,
Ce croquis de la scène antique
Que des grecs le pinceau tragique
Fit admirer à l'univers ;
Jugez si l'ardeur amoureuse
D'une Electre de quarante ans.
Doit dans de tels événements
Etaler les beau sentiments
D'une héroïne doucereuse
En massacrant ses chers parents
D'une main peu respectueuse.
Une princesse en son printems,
Qui surtout n'aurait rien à faire,
Pourait avoir par passe-tems
A ses pieds un ou deux amants
Et les tromper avec mistère.
Mais la fille d'Agamemnon
N'eut dans la tête d'autre affaire
Que d'être digne de son nom,
Et de vanger le roi son père.
Et j'estime encore que son frère
Ne doit point être un Céladon.
Ce héros fort atrabilaire.
N'était point né sur le Lignon.
Aprenez moi mon Apollon
Si j'ai tort d'être si sévère,
Et lequel des deux doit vous plaire
De Sophocle ou de Crébillon.

Sophocle peut avoir raiſon,
Et laiſſer des torts à Voltaire.

Il faut avouer que rien n'était plus doux que cette vie, & que rien ne faiſait plus d'honneur à la philoſophie & aux Belles-lettres. Le bonheur aurait été plus durable, & n'aurait point fait place enfin à un bonheur encor plus grand, ſans une malheureuſe diſpute de phyſique mathématique, élevée entre Maupertuis, qui était auſſi auprès du Roi de Pruſſe, & Koénig, bibliothécaire de Madame la Princeſſe d'Orange à la Haye. Cette querelle était une ſuite de celle qui diviſa longtems les Mathématiciens ſur les forces vives & les forces mortes. On ne peut nier qu'il n'entre dans tout cela un peu de charlatanisme, ainſi qu'en théologie & en médecine. La queſtion était au fond très-frivole; puiſque de quelque manière qu'on l'embrouille, il faut toujours revenir aux loix ſimples du mouvement. Les eſprits s'aigrirent; Maupertuis fit condamner Koénig en 1752, par l'Académie de Berlin ou il dominait, comme s'étant appuyé d'une lettre de feu Leïbnitz, ſans pouvoir produire l'original de cette lettre que pourtant Mr. Volf avait vue. Il fit plus;

il écrivit à Madame la Princesse d'Orange pour la prier d'ôter à Koënig la place de son bibliothécaire, & le déféra au Roi de Prusse comme un homme qui lui avait manqué de respect. Voltaire, qui avait passé deux années entière avec Koënig à Cirey, & qui était son ami intime, crut devoir prendre hautement le parti de son ami.

La querelle s'envenima; l'étude de la philosophie dégénéra en caballe & en faction. Maupertuis eut soin de répandre à la Cour qu'un jour le Général Manstein étant dans la chambre de Voltaire, où celui-ci mettait en français les *Mémoires sur la Russie* composés par cet officier, le Roi lui envoya une pièce de vers de sa façon à examiner, & que Voltaire dit à Manstein, *mon ami, à un autre fois. Voilà le Roi qui m'envoye son linge sale à blanchir : je blanchirai le votre ensuite.* Un mot suffit quelquefois pour perdre un homme à la Cour. Maupertuis lui imputa ce mot & le perdit.

Précisément dans ce tems-là même, Maupertuis faisait imprimer ses Lettres philosophiques fort singulières dans lesquelles il proposait de bâtir une ville Latine; d'aller ſaire des découvertes droit au pôle par mer ; de percer un trou juſqu'au centre de la terre ; d'aller au détroit de Magellan diſſéquer des cervelles de Patagons, pour connaître la nature de l'ame ; d'enduire tous les malades de poix-réſine pour arrêter le danger de la tranſpiration, & ſur-tout de ne point payer le médecin.

Mr. de Voltaire releva ces idées philoſophiques avec toutes les railleries auxquelles on donnait ſi beau jeu, & malheureuſement ces railleries réjouirent l'Europe littéraire. Maupertuis eut ſoin de joindre la cauſe du Roi à la ſienne. La plaiſanterie fut regardée comme un manque de reſpect à Sa Majeſté. Notre auteur renvoya reſpectueuſement au Roi ſa clef de chambellan & la croix de ſon ordre avec ces vers.

„ Je les reçus avec tendreſſe ;
„ Je vous les rend avec douleur.
„ Comme un amant jaloux, dans ſa mauvaiſe humeur,
„ Rend le portrait de ſa Maîtreſſe.

Le Roi lui renvoya ſa clef & ſon ruban. Il s'en alla faire une viſite à Son Alteſſe la ducheſſe de Gotha qui l'a toujours honoré d'une amitié conſtante juſqu'à ſa mort. C'eſt pour elle qu'il écrivit un an après *les Annales de l'Empire*, ouvrage preſque entiérement refondu dans *l'Eſſay ſur l'hiſtoire de l'eſprit & des mœurs des nations.*

Pendant qu'il était à Gotha, Maupertuis eut tout le tems de dreſſer ſes batteries contre le voyageur, qui s'en apperçut, quand il fut à Francfort ſur le Mein. Madame Denis ſa nièce lui avait donné rendez-vous dans cette ville.

Un bon allemand qui n'aimait ni les français, ni leurs vers, vint le 1er. Juin lui redemander les *Oeuvres de Poeshie* du Roi ſon maître. Notre voyageur répondit que les *Oeuvres de Poeshie* étaient à Leipſik avec ſes autres effets. L'allemand lui ſignifia qu'il était conſigné à Francfort, & qu'on ne lui permettrait d'en partir que quand les Oeuvres ſeraient arrivées. Mr. de V.... lui remit ſa clef de chambellan & ſa croix, & promit de rendre ce qu'on lui demandait. Moyennant quoi le meſſager lui ſigna ce billet.

„ Mr., ſitôt le gros ballot de Leipſik ſera „ ici, où eſt l'Oeuvre de *Poeshie* du Roi mon „ maître, vous pourez partir où vous pa-

„ raîtra bon. A Francfort 1er. Juin 1753. "

Le Prisonnier signa au bas du billet : *Bon pour l'Oeuvre de Poeshie du Roi votre maître.*

Mais quand les vers revinrent, on supposa des lettres de change qui ne venaient point. Les voyageurs furent arrêtés quinze jours au cabaret du bouc, pour ces lettres de change prétendues.

Enfin il ne purent sortir qu'en payant une rançon très-considérable. Ces détails ne sont jamais sçus des Rois. Cette avanture fut bientôt oubliée de part & d'autre comme de raison. Le Roi rendit ses vers à son ancien admirateur, & en renvoya bientôt de nouveaux, & en très-grand nombre. C'était une querelle d'amants : les tracasseries de cour passent, mais le caractère d'une belle passion dominante subsiste longtems. Le voyageur français en relisant avec attendrissement la lettre éloquente & touchante du Roi, que nous avons transcrite, disait, *après une telle lettre je ne peux qu'avoir eu très-grand tort.*

L'échappé de Berlin avait un petit bien en Alzace sur des terres qui appartiennent à Mgr. le duc de Virtemberg. Il y alla, & s'amusa, comme je l'ai déjà dit, à faire imprimer les *Annales de l'Empire*, dont il fit présent à

Jean Frédéric Shoëflin libraire à Colmar, frère du célèbre Shoëflin, profeſſeur en Hiſtoire à Strasbourg. Ce libraire était mal dans ſes affaires. Mr. de Voltaire lui prêta dix mille livres : ſur quoi je ne puis aſſez m'étonner de la baſſeſſe avec laquelle tant de barbouilleurs de papier ont imprimé, qu'il avait fait une fortune immenſe par la vente continuelle de ſes ouvrages.

Lorſqu'il était à Colmar, Mr. Vernet français réfugié, miniſtre de l'Evangile à Genève, & Mrs. Cramer, anciens citoyens de cette ville fameuſe, lui écrivirent pour le prier d'y venir faire imprimer ſes ouvrages. Les deux frères, qui étaient à la tête d'une librairie, obtinrent la préférence, & il la leur donna aux mêmes conditions qu'il l'avait donnée au Sr. Shoëflin, c'eſt-à-dire gratuitement. Il alla donc à Genève avec ſa nièce & Monſieur Coligni ſon ami qui lui ſervait de Secrétaire, & qui a été depuis celui de Monſeigneur l'Electeur Palatin & ſon Bibliothécaire.

Il acheta une jolie maiſon de campagne à vie auprès de cette ville, dont les environs ſont infiniment agréables, & où l'on jouit du plus bel aſpect qui ſoit en Europe. Il en

acheta

acheta une autre à Lausanne, & toutes les deux à condition qu'on lui rendrait une certaine somme quand il les quitterait. Ce fut la première fois depuis Zuingle & Calvin qu'un catholique romain eut des établissements dans ces cantons.

Il fit aussi l'acquisition de deux terres à une lieue de Genève dans le pays de Gex, sa principale habitation fut à Ferney dont il fit présent à Madame Denis. C'était une seigneurie absolument franche & libre de tous droits envers le Roi, & de tout impôt depuis Henri IV. Il n'y en avait pas deux dans les autres provinces du royaume qui eussent de pareils privilèges. Le Roi les lui conserva par brevet. Ce fut à Mr. le duc de Choiseul le plus généreux & le plus magnanime des hommes qu'il eut cette obligation sans avoir l'honneur d'en être particuliérement connu.

Le petit pays de Gex n'était presque alors qu'un désert sauvage. Quatre-vingt charrues étaient à bas depuis la révocation de l'édit de Nantes; des marais couvraient la moitié du pays & y répandaient les infections & les maladies. La passion de notre auteur avait toujours été de s'établir dans un canton abandonné pour le vivifier. Comme nous n'avançons rien que sur des preuves authentiques, nous nous bornerons à transcrire ici une de ses lettres à un évêque d'Annecy, dans le diocèse duquel Ferney est situé. Nous n'avons pu retrouver la date de la lettre, mais elle doit être de 1759.

MONSIEUR,

„ Le curé d'un petit village nommé N...., „ voisin de mes terres, a suscité un procès „ à mes vassaux de Ferney & ayant souvent „ quitté sa cure pour aller solliciter à Dijon, „ il a accablé aisément des cultivateurs, uni- „ quement occupés du travail qui soutient „ leur vie. Il leur a fait pour quinze cent „ livres de frais, & a eu la cruauté de com- „ pter parmi ces frais de justice, les voyages „ qu'il a fait pour les ruiner. Vous savez „ mieux que moi, Mr. combien dès les pre- „ miers tems de l'église, les saints pères se „ sont élevés contre les ministres sacrés, qui „ sacrifiaient aux affaires temporelles le tems „ destinés au autels. Mais si on leur avait „ dit qu'un prêtre fut venu avec des sergents

„ rançonner de pauvres familles, les forcer de „ rendre le ſeul pré qui nourit leurs beſtiaux, „ & ôter le lait à leurs enfans, qu'auraient „ dit les Irenées, les Jéromes, & les Au„ guſtins? voilà, Monſieur, ce qu'un curé „ eſt venu faire à la porte de mon château. „ Je lui ai envoyé dire que j'offrais de payer „ la plus grande partie de ce qu'il exige de „ mes communes, & il a répondu que celà „ ne le ſatisfaiſait pas.

„ Vous gémiſſez, ſans doute, que des „ exemples ſi odieux ſoient donnés par des „ paſteurs de la véritable égliſe, tandis qu'il „ n'y a pas un ſeul exemple d'un paſteur pro„ teſtant qui ait eu un procès avec ſes paroiſ„ ſiens (*), pour des intérêts d'argent, &c.

Cette Lettre, & la ſuite de cette affaire peuvent fournir des réfléxions bien impor-

(*) Ce qui fait que jamais les curés proteſtants n'ont de procès avec leurs ouailles, c'eſt que ces curés ſont payés par l'état, qui leur donne des gages: ils ne diſputent point la dixième ou la huitiéme gerbe a des malheureux. C'eſt le parti que l'impératrice Cathérine a pris dans ſon empire immenſe; La vexation des dixmes y eſt inconnue.

tantes. Mr. de V.... termina ce procès & ce procédé en payant de ses deniers la vexation qui opprimait ses pauvres vassaux. Et ce canton misérable changea bientôt de face.

Il se tira plus gaiment d'une querelle plus délicate dans le pays protestant où il avait deux domaines assez agréables, l'un à Geneve qu'on appelle encor la maison des Délices, l'autre à Lausanne.

On sait assez combien la liberté lui était chère, à quel point il détestait toute persécution, & quelle horreur il montra dans tous les tems pour ces scélerats hipocrites, qui osent faire périr au nom de Dieu, dans les plus affreux supplices, ceux qu'ils accusent de ne pas penser comme eux. C'est surtout sur ce point qu'il répétait quelquefois.

Je ne décide point entre Genève & Rome.

Une de ses lettres dans laquelle il disait que le picard Jean Chauvin dit Calvin, assassin véritable de Servet, *avait une ame atroce*, ayant été rendue publique par une indiscrétion trop ordinaire, quelques caffards s'irritèrent ou feignirent de s'irriter de ces paroles. Un genevois, homme d'esprit nommé Rival, lui adreſſa les vers ſuivants à cette occaſion.

Servet eut tort, & fut un ſot
D'oſer dans un ſiècle falot
S'avouer anti-trinitaire. (*)
Et nôtre illuſtre atrabilaire
Eut tort d'employer le fagot
Pour réfuter ſon adverſaire.
Et tort nôtre antique ſénat
D'avoir prêté ſon miniſtère
A ce dangereux coup d'état.
Quelle barbare inconſéquence!
O malheureux ſiècle ignorant!
Nous oſions abhorrer en France
Les horreurs de l'intolérance
Tandis qu'un zèle intolérant
Nous faiſait bruler un errant!

Pour nôtre prêtre épiſtolaire
Qui de ſon pétulant effort
Pour exhaler ſa bile amère
Vient réveiller le chat qui dort,

(*) Servet pouvait ſe repoſer ſur les propres paroles de Calvin, qui dit dans un ouvrage *en cas que quelqu'un ſoit hétérodoxe, & qu'il faſſe ſcrupule de ſe ſervir des mots* trinité & perſonne, *nous ne croyons pas que ce ſoit une raiſon pour rejetter cet homme, &c.*

Et dont l'inepte commentaire
Met au jour ce qu'il eut du taire,
Je laiſſe à juger s'il a tort.

Quant à vous célèbre Voltaire
Vous eutes tort, c'eſt mon avis.
Vous vous plaiſez dans ce païs
Fêtez le ſaint qu'on y révère.
Vous avez à ſatieté
Les biens où la raiſon aſpire;
L'opulence, la liberté,
La paix, (qu en cent lieux on déſire)
Des droits à l'immortalité
Cent fois plus qu'on ne ſaurait dire.
On a du goût, on vous admire,
Tronchin veille à vôtre ſanté.
Cela vaut bien en vérité
Qu'on immole à ſa ſureté
Le plaiſir de pincer ſans rire.

Nôtre auteur répondit à ces jolis vers par ceux-ci.

Non, je n'ai point tort d'oſer dire
Ce que penſent les gens de bien.
Et le ſage qui ne craint rien
A le beau droit de tout écrire.

J'ai quarante ans bravé l'empire
Des lâches tirans des eſprits.
Et dans vôtre petit païs
J'aurais grand tort de me dédire.

Je ſais que ſouvent le malin
A caché ſa queue & ſa griffe
Sous la tiare d'un Pontife
Et ſous le manteau de Calvin.

Je n'ai point tort quand je deteſte
Ces aſſaſſins religieux
Employant le fer & les feux
Pour ſervir le Père céleſte.

Oui, juſqu'au dernier de mes jours
Mon ame ſera fière & tendre,
J'oſerais gémir ſur la cendre
Et des *Servets* & des *Dubourgs*. (*)

De cette horrible frénéſie
A la fin le tems eſt paſſé;
Le fanatiſme eſt terraſſé,
Mais il reſte l'hipocriſie.

Farceurs à manteaux étriqués,
Mauvaiſe muſique d'Egliſe,
Mauvais vers & ſermons croqués,
Ai-je tort ſi je vous mépriſe?

On voit par cette réponſe, qu'il n'était ni à Apollo, ni à Céphas, & qu'il prêchait la tolérance aux égliſes proteſtantes, ainſi qu'aux égliſes romaines. Il diſait toujours

(*) Dubourg, conſeiller clerc du Parlement, traité à Paris comme Servet à Genève.

que c'était le ſeul moyen de rendre la vie tolérable, & qu'il mourait content s'il pouvait établir ces maximes dans l'Europe. On peut dire qu'il n'a pas été tout-à-fait trompé dans ce deſſein, & qu'il n'a pas peu contribué à rendre le clergé plus doux, plus humain, depuis Genève juſqu'à Madrid, & ſurtout à éclairer les laïques.

Bien perſuadé que les ſpectacles des jeux d'eſprit, amolliſſent la férocité autant que les ſpectacles des gladiateurs l'endurciſſaient autrefois, il fit bâtir à Ferney un joli théâtre. Il y joua quelquefois lui-même, malgré ſa mauvaiſe ſanté; & Madame Denis ſa nièce, qui poſſédait ſupérieurement le talent de la déclamation comme celui de la muſique, y joua pluſieurs rôles. Mlle. Clairon & le célèbre Lekain y vinrent repréſenter quelques pièces, on accourait de vingt lieues à la ronde pour les entendre. Il y eut plus d'une fois des ſoupers de cent couverts & des bals. Mais malgré le tumulte d'une vie qui paraiſſait ſi diſſipée, & malgré ſon âge, il travaillait ſans relâche. Il donna dès l'an 1755 au théâtre de Paris, *l'Orphelin de la Chine*, repréſenté le 20 Août, & *Tancrede* le 3 Septembre 1760. Mademoiſelle Clairon

& le Sr. Lekain déployèrent tous leurs talens dans ces deux pièces.

Le Caffé, *ou l'Ecoſſaiſe*, comédie en proſe, n'était point deſtinée à être jouée, mais elle le fut auſſi la même année avec un grand ſuccès. Il s'était amuſé à compoſer cette pièce pour corriger le folliculaire Fréron, qu'il mortifia beaucoup, mais qu'il ne corrigea pas. Cette Comédie, traduite en anglais par Mr. Colman eut le même ſuccès à Londres, qu'à Paris: ces ouvrages ne lui coutaient point de tems. L'*Ecoſſaiſe* avait été faite en huit jours, & *Tancrede* en un mois.

Ce fut au milieu de ces occupations & de ces amuſemens que Mr. Titon du Tillet, ancien maître d'hôtel ordinaire de la reine, âgé de 85 ans, lui recommanda la petite-fille du grand Corneille, qui étant abſolument ſans fortune était abandonnée de tout le monde. C'eſt ce même Titon du Tillet qui aimant paſſionement les beaux-arts, ſans les cultiver, fit élever avec de grandes dépenſes un Parnaſſe en bronze, où l'on voit les figures de quelques poëtes & de quelques muciſiens Français. Ce monument eſt dans la bibliothèque du roi de France. Il avait élevé Mademoiſelle

Corneille chez lui, mais voyant dépérir son bien, il ne pouvait plus rien faire pour elle. Il imagina que Mr. de Voltaire pourait se charger d'une Demoiselle d'un nom si respectable. Mr. du Molard, membre de plusieurs académies, connu par une dissertation savante & judicieuse sur les tragédies d'Électre anciennes & modernes; & Mr. Le Brun sécretaire de Monseigneur le Prince de Conti se joignirent à lui, & écrivirent à Mr. de V.... Il les remercia de l'honneur qu'ils lui faisaient de jetter les yeux sur lui, en leur mandant que *c'etait en effet à un vieux soldat de servir la petite-fille de son général.* La jeune personne vint donc en 1760 aux *Delices*, maison de campagne auprès de Genève, & de-là au chateau de Ferney. Madame Denis voulut bien achever son éducation; & au bout de trois ans Mr. de Voltaire la maria à Mr. Dupuis du pays de Gex, capitaine de dragons, & depuis officier de l'état-major. Outre la dot qu'il leur donna, & le plaisir qu'il eut de les garder chez lui, il proposa de commenter les Oeuvres de Pierre Corneille au profit de sa descendante, & de les faire imprimer par *souscription.* Le Roi de France voulut bien souscrire pour huit mille francs ; d'autres ſouverains l'imitèrent. Mgr. le duc de Choiſeul, dont la générosité était ſi connue, Madame la ducheſſe de Grammont, Madame de Pompadour ſouſcrivirent pour des ſommes conſidérables. Mr. de la Borde, banquier du roi, non-ſeulement prit pluſieurs exemplaires, mais il en fit débiter un ſi grand nombre qu'il fut le premier mobile de la fortune de Mademoiſelle Corneille, par ſon zèle & par ſa magnificence; deſorte qu'en très peu de tems elle eut cinquante mille francs pour préſent de nôces.

Il y eut dans cette ſouſcription ſi prompte une choſe fort remarquable de la part de Mad. de Geofrin, femme célèbre par ſon mérite & par ſon eſprit. Elle avait été exécutrice du teſtament du fameux Bernard de Fontenelle, neveu de Pierre Corneille; & malheureuſement il avait oublié cette parente, qui lui fut préſentée trop peu de tems avant ſa mort, mais qui fut rebutée avec ſon père & ſa mère : on les regardait comme des inconnus qui uſurpaient le nom de Corneille. Des amis de cette famille touchés de ſon ſort, mais fort indiſcrets & fort mal inſtruits, intentèrent un procès téméraire à Madame de Geofrin, trouvèrent un avocat qui abuſant de la liberté du barreau, publia contre cette Dame un *Factum* injurieux. Madame de Geofrin très-injuſtement attaquée gagna le procès tout d'une voix. Malgré ce mauvais procédé qu'elle eut la nobleſſe d'oublier, elle fut la première à ſouſcrire pour une ſomme conſidérable.

L'académie en corps, Mr. le duc de Choiſeul, Madame la ducheſſe de Grammont, Madame de Pompadour & pluſieurs ſeigneurs donnèrent pouvoir à Mr. de Voltaire de ſigner pour eux au contrat de mariage. C'eſt une des plus belles époques de la littérature.

Dans le tems qu'il préparait ce mariage qui a été très-heureux, il goûtait une autre ſatisfaction, celle de faire rendre à ſix gentil-hommes preſque tous mineurs, leur bien paternel que les jéſuites venaient d'acheter à vil prix. Il faut reprendre la choſe de plus haut. L'affaire eſt d'autant plus intéreſſante que ſon commencement avait précédé la fameuſe banqueroute du jéſuite Lavallette & conſors, & qu'elle fut en quelque façon le premier ſignal de l'abolition des jéſuites en France.

Meſſieurs Deprez de Craſſi, d'une ancienne nobleſſe du pays de Gex, ſur la frontière de la

Suiſſe, étaient ſix frères tous au ſervice du Roi. L'un d'eux capitaine au régiment des Deux-Ponts, en cauſant avec Mr. de Voltaire ſon voiſin, lui conta le triſte état de la fortune de ſa famille. Une terre de quelque valeur & qui aurait pu être une reſſource, était engagée depuis longtems à des Genevois.

Les jéſuites avaient acquis tout auprès de ce domaine des poſſeſſions qui compoſaient environ deux mille écus de rente dans un lieu nommé Ornex. Ils voulurent joindre à leur domaine celui de Meſſieurs de Craſſi. Le ſupérieur de la maiſon des jéſuites dont le véritable nom était *Feſſe* qu'il avait changé en celui de *Feſſi*, s'arrangea avec les créanciers Genevois pour acheter cette terre : il obtint une permiſſion du conſeil, & il était ſur le point de la faire entériner à Dijon. On lui dit qu'il y avait des mineurs, & que, malgré la permiſſion du conſeil, ils pouraient rentrer dans leurs biens. Il répondit & même il écrivit que les jéſuites ne riſquaient rien, & que jamais Meſſieurs de Craſſi ne feraient en état de payer la ſomme néceſſaire pour rentrer dans le bien de leurs ayeux.

A peine Mr. de Voltaire fut-il inſtruit de

cette étrange manière dont le père Feſſe voulait ſervir la compagnie de Jéſus, qu'il alla ſur le champ dépoſer au greffe du bailliage de Gex la ſomme moyennant laquelle la famille Craſſi devait payer les anciens créanciers & reprendre ſes droits. Les jéſuites furent obligés de ſe déſiſter ; & par un arrêt du parlement de Dijon la famille fut miſe en poſſeſſion & y eſt encore.

Le bon de l'affaire c'eſt que peu de tems après, lorſqu'on délivra la France des révérends pères jéſuites, ces mêmes gentil-hommes dont les bons pères avaient voulu ravir le bien, achetèrent celui des jéſuites qui était contigu. Mr. de Voltaire qui avait toujours combattu les athées & les jéſuites, écrivit qu'il fallait reconnaître une Providence.

Ce n'était aſſurément ni par la haine pour le père Feſſe, ni par aucune envie de mortifier les jeſuites qu'il avait entrepris cette affaire; puiſqu'après la diſſolution de la ſociété il recueillit un jéſuite chez lui, & que pluſieurs autres lui ont écrit pour le ſupplier de les recevoir auſſi dans ſa maiſon. Mais il s'eſt trouvé parmi les ex-jéſuites quelques eſprits qui n'ont pas été ſi équitables & ſi accommodans. Deux d'entr'eux, nommés *Patouillet*, & *Nonnote*, ont gagné quelqu'argent par des libelles contre lui ; & ils n'ont pas manqué, selon l'usage, d'appeller la religion catholique à leur secours. Un Nonnote surtout s'est signalé par une demi-douzaine de volumes, dans lesquels il a prodigué moins de science que de zele & moins de zèle que d'injures. Mr. Damillavile l'un des meilleurs coopérateurs de l'Encyclopédie a daigné le confondre, comme autrefois Pasquier s'abaissa jusqu'à reprimer l'insolence absurde du jésuite Garasse.

Mais voici la plus étrange & la plus fatale avanture qui soit arrivée depuis longtems, & en même tems la plus glorieuse au Roi, à son conseil & à Messieurs les maitres des requètes Qui aurait cru que ce serait des glaces du *mont - Jura* & des frontières de la Suisse que partiraient les premières lumières & les premiers secours qui ont vengé l'innocence des célèbres *Calas* ? Un enfant de quinze ans Donat Calas, le dernier des fils de l'infortuné Calas était apprentif chez un marchand de Nîmes, lorsqu'il apprit par quel horrible supplice sept juges de Touloufe, malheureufement prévenus, avaient fait périr fon vertueux père.

La clameur populaire contre cette famille était fi violente en Languedoc, que tout le monde s'attendait à voir rouer tous les enfans de Calas, & bruler la mère. Telles avaient été même les conclufions du Procureur général; tant on prétend que cette famille innocente s'était mal défendue, accablée de fon malheur, & incapable de rappeller fes efprits à la lueur des buchers & à l'afpect des roues & des tortures.

On fit craindre au jeune Donat Calas d'être traité comme le refte de fa famille; on lui confeilla de s'enfuir en Suiffe: il vint trouver Mr. de Voltaire, qui ne put d'abord que le plaindre & le fecourir, fans ofer porter un jugement fur fon père, fa mère & fes frères.

Bientôt après un de fes frères n'ayant été condamné qu'au banniffement, vint auffi fe jetter entre les bras de Mr. de Voltaire. J'ai été témoin qu'il prit pendant plus d'un mois toutes les précautions imaginables pour s'affurer de l'innocence de la famille. Dès qu'il fut parvenu à s'en convaincre, il fe crut

obligé

obligé en conſcience d'employer ſes amis, ſa bourſe, ſa plume, ſon crédit, pour réparer la mépriſe funeſte des ſept juges de Toulouſe, & pour faire revoir le procès au conſeil du Roi. L'affaire dura trois années. On ſait quelle gloire Meſſieurs de Croſne & de Bacquancourt acquirent en rapportant cette cauſe mémorable. Cinquante maîtres des requêtes déclarèrent d'une voix unanime toute la famille *Calas* innocente, & la recommandèrent à l'équité bienfaiſante du roi. Mr le duc de Choiſeul, qui n'a jamais perdu une occaſion de ſignaler la magnimité de ſon caractère, non-ſeulement ſecourut de ſon argent cette famille malheureuſe, mais obtint de ſa Majeſté trente-ſix mille francs pour elle.

Ce fut le 9 Mars 1765 que fut rendu cet arrèt authentique qui juſtifia les Calas, & qui changea leur deſtinée; ce neuvième de Mars était préciſément le même jour où ce vertueux père de famille avait été ſupplicié. Tout Paris courut en foule les voir ſortir de priſon, & battit des mains en verſant des larmes. La famille entière a toûjours été depuis ce tems attachée tendrement à Mr.

de Voltaire qui s'eſt fait un grand honneur de demeurer leur ami.

On remarqua en ce tems qu'il n'y eut dans toute la France que le nommé Fréron, auteur de je ne ſais quelle brochure périodique intitulée *Lettres à la Comteſſe*, & enſuite *Année littéraire*, qui oſa jetter des doutes, dans ſes ridicules feuilles, ſur l'innocence de ceux que le Roi, tout ſon Conſeil & tout le Public avaient juſtifiés ſi pleinement.

Pluſieurs gens de bien engagèrent alors Mr. de Voltaire à écrire ſon traité de la Tolérance, qui fut regardé comme un de ſes meilleurs ouvrages en proſe, & qui eſt devenu le catéchiſme de quiconque a du bon ſens & de l'équité.

Dans ce tems-là même l'impératrice Catherine ſeconde, dont le nom ſera immortel, donnait des loix à ſon Empire qui contient la cinquième partie du globe : & la première de ſes loix eſt l'établiſſement d'une tolérance univerſelle.

C'était la deſtinée de nôtre ſolitaire des frontières helvétiques, de venger l'innocence accuſée & condamnée en france. La poſition de ſa retraite entre la france, la ſuiſſe, genève & la ſavoye, lui attirait plus d'un infortuné. Toute la famille Sirven condamnée à la mort dans un bourg auprès de Caſtres, par les juges les plus ignorants & les plus cruels, ſe refugia auprès de ſes terres. Il fut occupé huit années entières à leur faire rendre juſtice; & ne ſe rebuta jamais. Il en vint enfin à bout.

Nous croyons très-utile de remarquer ici qu'un magiſtrat de village nommé Trinquet, procureur du Roi dans la juriſdiction qui condamna la famille Sirven à la mort, donna ainſi ſes concluſions, *Je requiers pour le Roi que N. Sirven, & N. ſa femme, duement atteint & convaincus d'avoir étranglé & noyé leur fille, ſoient bannis de la Paroiſſe.*

Rien ne fait mieux voir l'effet que peut avoir dans un royaume la vénalité des charges de judicature.

Son bonheur qui voulait, à ce qu'il dit, qu'il fut l'avocat des cauſes perdues, voulut encor qu'il arrachat des flammes une citoyenne de St. Omer nommée Montbailly, condamnée à être brulée vive par le tribunal d'Arras. On n'attendait que l'accouchement de cette femme pour la tranſporter au lieu de ſon ſupplice. Son mari avait déja expiré ſur la roue. Qui étaient ces deux victimes? deux exemples de l'amour conjugal & de l'amour maternel, deux ames les plus vertueuſes dans la pauvreté. Ces innocentes & reſpectables créatures, avaient été accuſées de parricide, & jugées ſur des allégations qui auraient paru ridicules aux condamnateurs mêmes des Calas. Mr. de Voltaire fut aſſez heureux pour obtenir de Mr. le chancelier de Maupeou, qu'il fit revoir le procès. La Dame Montbailly fut déclarée innocente; la mémoire de ſon mari réhabilitée, miſérable réhabilitation ſans vengeance & ſans dédommagements. Quelle a donc été la juriſprudence criminelle parmi nous! quelle ſuite infernale d'horribles aſſaſſinats depuis la boucherie des Templiers juſqu'à la mort du chevalier de la Barre! on croit lire l'hiſtoire des ſauvages; on frémit un moment, & on va à l'opéra.

La ville de Genève était plongée alors dans des troubles qui augmentèrent toujours depuis 1763. Cette importunité détermina Mr. de Voltaire à laiſſer à Mrs. Tronchin ſa maiſon des Délices, & à ne plus quitter le chateau de Ferney, qu'il avait fait bâtir de fond en comble, & orné des jardins d'une agréable ſimplicité.

La diſcorde fut enfin ſi vive à Genève, qu'un des partis fit feu ſur l'autre le 15ᵉ Février 1770. Il y eut du monde tué: pluſieurs familles d'artiſtes cherchèrent un azile chez lui & le trouvèrent. Il en logea quelques-unes dans ſon château, & en peu d'années il fit bâtir cinquante maiſons de pierre de taille pour les autres. De ſorte que le village de Ferney qui n'était, lorſqu'il acquit cette terre, qu'un miſérable hameau où croupiſſaient quarante-neuf malheureux païſans, dévorés par la pauvreté, par les écrouelles, & par les commis des fermes, devint bientôt un lieu de plaiſance, peuplé de douze cent perſonnes, toutes à leur aiſe, & travaillant avec ſuccès pour elles & pour l'état. Mr. le duc de Choiſeul protégea de tout ſon pouvoir cette colonie naiſſante qui établit un très-grand commerce.

Une choſe qui mérite je crois de l'attention, c'eſt que cette colonie ſe trouvant compoſée de catholiques & de proteſtants, il aurait été impoſſible de deviner qu'il y eut dans Ferney deux religions différentes. J'ai vu les femmes des colons genevois & suisses, préparer de leurs mains trois reposoirs pour la procession de la fète du St. Sacrement. Elle assistèrent à cette procession avec un profond respect, & Mr. Hugonet nouveau curé de Ferney, homme aussi tolérant que généreux, les en remercia publiquement dans son prône. Quand une catholique était malade, les protestantes allaient la garder, & en recevaient à leur tour la même assistance.

C'était le fruit des principes d'humanité que Mr. de Voltaire a répandus dans tous ses ouvrages, & surtout dans le livre de la tolérance dont nous avons parlé. Il avait toujours dit que les hommes sont frères; & il le prouva par les faits. Les Guyons, les Nonottes, les Patouillet, les Paulian & autres zélés, le lui ont bien reproché. C'est qu'ils n'étaient pas ses frères.

Voyez-vous, disait-il, aux voyageurs qui venaient le voir, cette inscription au dessus de l'église que j'ai fait bàtir DEO EREXIT. C'est au Dieu père commun de tous les hommes. En effet c'était peut-être parmi nous la seule église dédiée à Dieu seul.

Parmi ces étrangers qui vinrent en foule à Ferney, on compta plus d'un prince souverain. Il fut honoré d'une correspondance très-suivie avec plusieurs d'entr'eux dont les lettres sont entre mes mains. La moins interrompue, fut celle de Sa Majesté le Roi de Prusse & de Madame Willelmine Margrave de Bareith sa sœur.

Le tems qui s'écoula entre la bataille de Kollin (le 18 Juin 1757) que le Roi de Prusse perdit, & la journée de Rosbac du 5 Novembre où il fut vainqueur, est le tems le plus intéressant de cette correspondance, rare entre une maison royale de héros & un simple homme de lettres. En voici une grande preuve dans cette lettre mémorable.

LETTRE

de son Altesse Royale Madame la Princesse de Bareith du 12e 7bre. 1757.

„ Votre lettre m'a sensiblement touchée, „ celle que vous m'avez adressée pour le Roi „ a fait le même effet sur lui. J'espère que vous „ serez satisfait de sa réponse pour ce qui „ vous concerne. Mais vous le serez aussi peu

„ que moi de ſes réſolutions. Je m'étais flat-
„ tée que vos réflexions feraient quelque im-
„ preſſion ſur ſon eſprit. Vous verrez le con-
„ traire dans le billet ci-joint. Il ne me reſte
„ qu'à ſuivre ſa deſtinée, ſi elle eſt malheu-
„ reuſe. Je ne me ſuis jamais piquée d'être
„ philoſophe, j'ai fait mes efforts pour le de-
„ venir. Le peu de progrès que j'ai fait m'a
„ apris à mépriſer les grandeurs & les richeſ-
„ ſes, mais je n'ai rien trouvé dans la phi-
„ loſophie qui puiſſe guérir les plaies du cœur
„ que le moyen de s'affranchir de ces maux
„ en ceſſant de vivre. L'état où je ſuis eſt
„ pire que la mort. Je vois le plus grand hom-
„ me du ſiècle, mon frère, mon ami, réduit
„ à la plus affreuſe extrémité. Je vois ma fa-
„ mille entière expoſée aux dangers & aux
„ périls; ma patrie déchirée par des impi-
„ toyables ennemis. Le pays où je ſuis peut-
„ être menacé de pareils malheurs. Plut au
„ ciel que je fuſſe chargée toute ſeule des
„ maux que je viens de vous décrire, je les
„ ſouffrirais & avec fermeté.

„ Pardonnez moi ce détail. Vous m'enga-
„ gez par la part que vous prenez à ce qu'il
„ me regarde, de vous ouvrir mon cœur.

„ Hélas! l'efpoir en eft prefque banni. La „ fortune, lors qu'elle change eft auffi conf- „ tante dans fes perfécutions que dans fes „ faveurs. L'hiftoire eft pleine de ces exem- „ ples, mais je n'y en ai point trouvé de pareil „ à celui que nous voyons, ni une guerre „ auffi inhumaine & cruelle parmi des peu- „ ples policés. Vous gémiriez fi vous fa- „ viez la trifte fituation de l'Allemagne & de „ la Pruffe. Les cruautés que les Ruffes „ commettent dans cette dernière font fré- „ mir la nature. Que vous êtes heureux dans „ votre hermitage, où vous vous repofés fur „ vos lauriers, & ou vous pouvez philofo- „ pher de fang froid fur l'égarement des hom- „ mes. Je vous y fouhaite tout le bonheur „ imaginable. Si la fortune nous favorife en- „ core, comptez fur toute ma reconnaiffance, „ & je n'oublierai jamais les marques d'atta- „ chement que vous m'avez données; ma „ fenfibilité vous en eft garant, je ne fuis „ jamais amie à demi, & je le ferai toujours „ véritablement de frère Voltaire.

WILHELMINE.

Bien des complimens à Mad. Denis; continuez, je vous prie d'écrire au Roi.

On voit par cette lettre aussi attendrissante que bien écrite, qu'elle était la belle ame de la Margrave de Bareith, & combien elle méritait les éloges que lui donna Mr. de Voltaire en pleurant sa mort, dans une ode imprimée parmi ses autres ouvrages. Mais on voit surtout quels désastres épouvantables attirent sur les peuples des guerres légérement entreprises par les Rois; on voit à quoi ils s'exposent eux-mêmes & à quel point ils sont malheureux de faire le malheur des nations.

Le solitaire de Ferney donna dès ce moment & dans la suite de cette guerre funeste, toutes les marques possibles de son attachement à Madame la Margrave, de son zèle pour le Roi son frère, & de son amour pour la paix. Il engagea le cardinal de Tencin, retiré alors à Lyon, à entrer en correspondance avec Madame de Bareith pour ménager cette paix si désirable. Les lettres de cette Princesse & celle du cardinal passaient par Genève dans un pays neutre, & par les mains de Mr. de Voltaire.

Ce sera une époque singulière que la résolution prise par le roi de Prusse après tous ses malheurs qui furent les suites de la battaille de Kollin, d'aller affronter vers la Saxe auprès de Mersbourg, les armées françaises & autrichiennes combinées, fort supérieures en nombre, tandis que le maréchal de Richelieu n'était pas loin avec une armée victorieuse. Ce Monarque avait eu assez de présence d'esprit, & fut assez maître de ses idées au milieu de ses infortunes pour faire son testament en vers. Il n'y cachait point ses malheurs, mais il en parlait en philosophe, & regardait la mort d'un œil ferme & tranquille. Nous avons cette pièce qui est un monument sans exemple, écrite toute entière de sa main.

Nous avons un monument encor plus héroïque de ce Prince philosophe: c'est une lettre à Mr. de Voltaire du 9 Août, vingt-cinq jours avant sa victoire de Rosback:

„ Je suis homme, il suffit, & né pour la souffrance:
„ Aux rigueurs du destin j'oppose ma constance.

„ Mais avec ces sentimens, je suis bien loin „ de condamner Caton & Othon Le dernier n'a eu de beau moment en sa vie que „ celui de sa mort

„ Voltaire dans son hermitage
„ Peut s'adonner en paix à la vertu du sage

„ Dont Platon nous traça la loi :
„ Pour moi, menacé du naufrage,
„ Je dois en affronter l'orage,
„ Penſer, vivre & mourir en Roi. "

Rien n'eſt plus beau que ces derniers vers; rien n'eſt plus grand. Corneille dans ſon bon tems ne les eut pas mieux faits. Et quand, après de tels vers, on gagne une bataille le ſublime ne peut aller plus loin.

Le Cardinal de Tencin continua toujours, mais en vain, ſes négociations ſecrettes pour la paix, comme on le voit par ſes lettres. Ce fut enfin le duc de Choiſeul qui entama ce grand ouvrage ſi néceſſaire; & le duc de Prâlin qui l'accomplit: ſervice ſignalé qu'ils rendirent à la France apauvrie & déſolée.

Elle était dans un état ſi déplorable que pendant douze années de paix qui ſuivirent cette guerre funeſte, de tous les miniſtres des finances qui ſe ſuccédèrent rapidement, il n'y en eut pas un qui, avec la meilleure volonté, & les travaux les plus aſſidus, put parvenir à pallier ſeulement les playes de l'Etat. La diſette d'argent était au point qu'un Contrôleur général fut obligé, dans une néceſſité preſſante, de ſaiſir chez Mr. Magon banquier du Roi, tout l'argent que des citoyens y avaient mis en dépôt. On prit à notre solitaire deux-cent mille francs. C'était une perte énorme; il s'en consola à la manière française; par un madrigal qu'il fit sur le champ, en apprenant cette nouvelle.

Au tems de la grandeur romaine
Horace disait a Mécène
Quand cess'rez vous de donner?
Chez le Welche on n'est pas si tendre.
Je dois dire mais sans douleur
A Monseigneur le Contrôleur,
Quand cesserez vous de me prendre?

On ne cessa point. Monsieur le duc de Choiseul qui fesait construire alors un port magnifique à Versoy sur le lac leman, qu'on appelle le lac de Genève, y ayant fait bâtir une petite frégate, cette frégate fut saisie par des savoyards créanciers des entrepreneurs, dans un port de savoye près du fameux Ripaille; Mr. de Voltaire racheta incontinent ce bâtiment royal de ses propres deniers, & ne put en être remboursé par le gouvernement: car Mr. le duc de Choiseul perdit en ce tems-là même tous ses emplois, & se retira, à sa terre de Chanteloup, regretté non-feulement de tous fes amis, mais de toute la france qui admirait fon caractère bienfaifant, la nobleffe de fon ame, & qui rendait juftice à fon efprit fupérieur.

Nôtre folitaire lui était tendrement attaché par les liens de la reconnaiffance. Il n'y a forte de grace que Mr. le duc de Choifeul n'eut accordée à fa recommandation. Il avait fait un neveu de Mr. de Voltaire, nommé Mr. de la Houlière, brigadier des armées du Roi. Penfions, gratifications, brevets, croix de St. Louis avaient été données dès qu'elles avaient été demandées.

Rien ne fut plus douloureux pour un homme qui lui avait tant de grandes obligations, & qui venait d'établir une colonie d'artiftes & de manufacturiers fous fes aufpices. Déja fa colonie travaillait avec fuccès pour l'efpagne, pour l'allemagne, pour la hollande, l'italie. Il la crut ruinée; mais elle fe foutint. La feule Impératrice de Ruffie acheta bientôt après dans le fort de fa guerre contre les Turcs pour cinquante mille francs de montres de Ferney. On ne ceffe de s'étonner quand on voit dans le même tems cette Souveraine acheter pour un million de tableaux tant en hollande qu'en france, & pour quelques millions de pierreries.

Elle avait fait un préſent de cinquante mille livres à Mr. Diderot avec une grace & une circonſpection qui relevaient bien le prix de ſon préſent. Elle avait offert à Mr. d'Alembert de le mettre à la téte de l'education de ſon fils avec ſoixante mille livres de rente. Mais ni la ſanté, ni la philoſophie de Mr. d'Alembert ne lui avaient permis d'accepter à Pétersbourg un emploi égal à celui de Mr. le duc de la Vauguion à Verſailles. Elle envoya Mr. le Prince de Koslousky préſenter de ſa part à Mr. de Voltaire les plus magnifiques peliſſes, & une boëte tournée de ſa main même, ornée de ſon portrait & de vingt diamants. On croirait que c'eſt l'hiſtoire d'Aboulcaſſem dans les mille & une nuit.

Mr. de Voltaire lui mandait qu'il fallait qu'elle eut pris tout le tréſor de Mouſtapha dans une de ſes victoires, & elle lui répondit *qu'avec de l'ordre on était toujours riche, & qu'elle ne manquerait dans cette grande guerre ni d'argent, ni de ſoldats.* Elle a tenu parole.

Cependant, le fameux ſculpteur Mr. Pigal

travaillait dans Paris à la ſtatue du ſolitaire caché dans Ferney. Ce fut une étrangère qui propoſa un jour en 1770 à quelques véritables gens de Lettres de lui faire cette galanterie pour le vanger de tous les plats libelles & des calomnies ridicules que le fanatiſme & la baſſe littérature ne ceſſaient d'accumuler contre lui. Madame Neker femme du Réſident de Genève conçut ce projet la première. C'était une dame d'un eſprit très-cultivé & d'un caractère ſupérieur s'il ſe peut à ſon eſprit. Cette idée fut ſaiſie avidement par tous ceux qui venaient chez elle, à condition qu'il n'y aurait que des gens de Lettres qui ſouſcriraient pour cette entrepriſe.

Le Roi de Pruſſe en qualité d'homme de Lettres, & ayant aſſurément plus que perſonne droit à ce titre, & à celui de génie, écrivit au célèbre Mr. d'Alembert, & voulut être des premiers à ſouſcrire. Sa lettre du 28 Juillet 1770 eſt conſignée dans les archives de l'académie.

„ Le plus beau monument de Voltaire eſt
„ celui qu'il érige lui-même, ſes ouvrages.
„ Ils ſubſiſteront plus longtems que la baſili-
„ que de St. Pierre, le louvre, & tous ces
bâti-

„ bâtiments que la vanité consacre à l'éter„ nité. On ne parlera plus français, que Vol„ taire sera encore traduit dans la langue qui „ lui aura succédé. Cependant, rempli du „ plaisir que m'ont fait ses productions si „ variées, & chacune si parfaite en leur genre, „ je ne pourais sans ingratitude me refuser à „ la proposition que vous me faites de con„ tribuer au monument que lui élève la recon„ naissance publique. Vous n'avez qu'à m'in„ former de ce qu'on exige de ma part, je „ ne refuserai rien pour cette statue, plus „ glorieuse pour les gens de Lettres qui la „ lui consacrent que pour Voltaire même. „ On dira que dans ce dix-septiéme siècle, où „ tant de gens de Lettres se déchirent par en„ vie, il s'en est trouvé d'assez nobles, d'assez „ généreux, pour rendre justice à un homme „ doué de génie & de talents supérieurs à „ tous les siècles; que nous avons mérité de „ posseder Voltaire; & la postérité la plus „ reculée nous enviera encor cet avantage. „ Distinguer les hommes célèbres, rendre „ justice au mérite, c'est encourager les ta„ lents & les vertus. C'est la seule récom„ pense des belles ames, elle est bien due à

„ tous ceux qui cultivent ſupérieurement les
„ lettres. Elle procurent les plaiſirs de l'eſ-
„ prit plus durables que ceux du corps ; elles
„ adouciſſent les mœurs les plus féroces ; elles
„ répandent leur charmes ſur tout le cours de
„ la vie ; elles rendent notre exiſtence ſup-
„ portable & la mort moins affreuſe. Conti-
„ nuez donc, Meſſieurs, de protéger & de
„ célèbrer ceux qui s'y appliquent, & qui
„ ont le bonheur en France d'y réuſſir. Ce
„ ſera ce que vous pourez faire de plus glo-
„ rieux pour votre nation.

FRÉDERIC.

Le Roi de Pruſſe fit plus. Il fit exécuter une ſtatue de ſon ancien ſerviteur dans ſa belle manufacture de porcelaine, & la lui envoya avec ce mot gravé ſur la baze. *Immortali.* Mr. de Voltaire écrivit au deſſous.

Vous êtes généreux. Vos bontés ſouveraines
Me font de trop nobles préſens.
Vous me donné ſur mes vieux ans
Une terre dans vos domaines.

Mr. Pigal ſe chargea d'exécuter la ſtatue en France avec le zèle d'un artiſte qui en immortaliſait un autre. Cette avanture alors unique deviendra bientôt commune. On érigera des ſtatues ou du moins des buſtes aux artiſtes comme la mode eſt venue de crier *l'Auteur*, *l'Auteur*, dans le parterre. Mais celui à qui l'on faiſait cet honneur prévoyait bien que ſes ennemis n'en ſeraient que plus acharnés. Voici ce qu'il en écrivit à Mr. Pigal d'un ſtile peut-être un peu trop burleſque.

Monſieur Pigal, vôtre ſtatue.
Me fait mille fois trop d'honneur.
Jean Jaque a dit avec candeur
Que c'eſt à lui quelle était due. (*)
Quand vôtre ciſeau s'évertue
A ſculpter vôtre ſerviteur,
Vous agacez l'eſprit railleur
De certain peuple rimailleur
Qui depuis ſi longtems me hue.
L'ami Fréron le barbouilleur

(*) Jean Jaques Rouſſeau de Genève, dans une lettre à Mr. l'archevêque de Paris, qu'il intitule, *Jean Jaques à Chriſtophe*, dit modeſtement qu'il eſt devenu homme de Lettres par ſon mépris pour cet état. Et après avoir prié Chriſtophe de lire ſon roman de la ſuiſſeſſe Héloïſe, qui étant fille accouche d'un faux-germe, il conclut page 127, que tous les gouvernements bien policés, lui doivent élever des ſtatues.

D'écrits qu'on jette dans la rue,
Sourdement de sa main crochue
Mutilera vôtre labeur.
  Attendez que le destructeur,
Qui nous consume & qui nous tue;
Le tems, aidé de mon pasteur,
Ait d'un bras exterminateur
Enterré ma tête chenue.
Que feriez vous d'un pauvre auteur
Dont la taille & le cou de grue,
Et la mine très-peu joufflue
Feront rire le connaisseur.
Sculptez nous quelque beauté nue
De qui la chair blanche & dodue
Séduise l'œil du spectateur,
Et qui dans nos sens insinue
Ces doux desirs & cette ardeur
Dont Pigmalion le sculpteur,
Vôtre digne prédécesseur
Brula, si la fable en est crue.
Son marbre eut un esprit, un cœur;
Il eut mieux, dit un grave auteur,
Car soudain fille devenue
Cette fille resta pourvue
Des doux appas que sa pudeur
Ne dérobait point à la vue.
Même elle fut plus dissolue
Que son père & son créateur.
C'est un exemple très-flatteur
Il faut bien qu'on le perpétue.

Il avait bien raison de dire que cet honneur inespéré qu'on lui fesait, déchainerait contre lui les écrivains du pont-neuf & du fanatisme. Il écrivit à Mr. Tiriot, *tous ces messieurs méritent bien mieux des statues que moi ; & j'avoue qu'il en est quelques-uns très-dignes d'être en effigie dans la place publique.*

Les Nonottes, les Frérons, les Sabotiers & consorts jettérent les hauts cris. Celui qui le persécutait avec le plus de cruauté & d'absurdité, était un montagnard étranger plus propre à ramoner des cheminées qu'à diriger des consciences. Cet homme qui était très-familier écrivit cordialement au Roi de France, de couronne à couronne, il le pria de lui faire le plaisir de chasser un vieillard de soixante & quinze ans & très malade, de la propre maison qu'il avait fait bâtir, des champs qu'il avait fait défricher & de l'arracher à cent familles qui ne subsistaient que par lui. Le Roi trouva la proposition très malhonnête & peu chrétienne, & le fit dire au capelan.

Le solitaire de Ferney étant malade & n'ayant rien à faire, ne voulut se venger de cette petite manœuvre que par le plaisir de se faire donner l'extrême-onction par exploit, selon l'usage qui se pratiquait alors. Il se comporta comme ceux qu'on appellait jansénistes à Paris, il fit signifier par un huissier à son curé nommé *Gros* (bon yvrogne qui s'est tué depuis à force de boire,) que le dit curé eut à le venir oindre dans sa chambre au 1er. Avril sans faute : le curé vint & lui remontra qu'il fallait d'abord commencer par la communion, & qu'ensuite il lui donnerait tant de saintes huiles qu'il voudrait. Le malade accepta la proposition ; il se fit aporter la communion dans sa chambre le 1er. Avril, & là en présence de témoins, il déclara par devant Notaire, *qu'il pardonnait à son calomniateur qui avait tenté de le perdre & qui n'avait pu y réussir.* Le procès verbal en fut dressé.

Il dit après cette cérémonie, j'ai eu la satisfaction de mourir comme Gusman dans Alzire, & je m'en porte mieux. Les plaisants de Paris croiront que c'est un poisson d'Avril.

L'ennemi un peu étonné de cette avanture ne se piqua pas de l'imiter ; il ne pardonna point ; & n'y sçut autre chose que faire ſuppoſer une déclaration du malade, toute différente de celle qui était authentique, faite par devant Notaire, ſignée du teſtateur & des témoins, duement légaliſée & contrôlée. Deux fauſſaires rédigèrent donc quinze jours après une contre-profeſſion de foi en patois ſavoyard; mais on n'oſa pas ſupoſer le ſeing de celui auquel on avait eu la bétiſe de l'attribuer; voici la Lettre que Mr. de V.... écrivit ſur ce ſujet.

„ Je ne ſais point mauvais gré à ceux „ qui m'ont fait parler ſaintement dans un „ ſtile ſi barbare & ſi impertinent. Ils ont „ pu mal exprimer mes ſentiments vérita- „ bles; ils ont pu redire dans leur jargon „ ce que j'ai publié ſi ſouvent en français, „ ils n'en ont pas moins exprimé la ſub- „ ſtance de mes opinions. Je ſuis d'accord „ avec eux; je m'unis à leur foi; mon „ zèle éclairé ſeconde leur zèle ignorant; „ je me recommande à leurs prières ſa- „ voyardes. Je ſuplie ſeulement les pieux „ fauſſaires qui ont fait rédiger l'acte du „ 15 Avril, de vouloir bien conſidérer „ qu'il ne faut jamais faire d'actes faux en „ faveur de la vérité. Plus la religion ca-

„ tholique est vraie, (comme tout le monde „ le sait) moins on doit mentir pour elle. „ Ces petites libertés trop communes auto- „ riseraient d'autres impostures plus funes- „ tes, bientôt on se croirait permis de fa- „ briquer de faux testaments, de fausses do- „ nations, de fausses accusations pour la „ gloire de Dieu. De plus horribles falsifi- „ cations ont été employées autrefois.

„ Quelques-uns de ces prétendus témoins „ ont avoué qu'ils avaient été subornés, „ mais qu'ils avaient cru bien faire. Ils ont „ signé qu'ils n'avaient menti qu'à bonne „ intention.

„ Tout celà s'est opéré charitablement, sans „ doute à l'exemple des retractations impu- „ tées à Mrs. de Montesquieu, de la Cha- „ lotais, de Montclar & de tant d'autres. Ces „ fraudes pieuses sont à la mode depuis en- „ viron seize cent ans. Mais quand, cette „ bonne œuvre va jusqu'au crime de faux, „ on risque beaucoup dans ce monde en at- „ tendant le royaume des cieux. "

Notre solitaire continua donc gaiement à faire un peu de bien quand il le pouvait, en se moquant de ceux qui fesaient tristement du mal, & en fortifiant ſouvent par des plaiſanteries les vérités les plus ſérieuſes.

Il avoua qu'il avait pouſſé trop loin cette raillerie contre quelques-uns de ſes ennemis. J'ai tort, dit-il, dans une de ſes lettres; mais ces Meſſieurs m'ayant attaqué pendant quarante ans, la patience m'a échappé dix ans de ſuite.

La révolution faite dans tous les Parlemens du Royaume en 1771, devait l'embaraſſer. Il avait deux neveux, dont l'un entrait au Parlement de Paris, tandis que l'autre en ſortait: tous deux d'un mérite diſtingué, & d'une probité incorruptible, mais engagés l'un & l'autre dans des partis oppoſés. Il ne ceſſa de les aimer également tous deux; & d'avoir pour eux les mêmes attentions. Mais il ſe déclara hautement pour l'abolliſſement de la vénalité, contre laquelle nous avons déja cité les paroles énergiques du marquis d'Argenſon. Le projet de rendre la juſtice gratuitement comme St. Louis, lui paraiſſait admirable. Il écrivit ſurtout en faveur des malheureux plaideurs qui étaient depuis quatre ſiècles obligés de courir à cent-cinquante lieues de leurs chaumières pour achever de ſe ruiner dans la capitale, ſoit en perdant leur procès, ſoit même en le gagnant. Il avait toujours manifeſté ces ſentimens dans pluſieurs de ſes écrits; & il fut fidèle à ſes principes ſans faire ſa cour à perſonne.

Il avait alors ſoixante & dix-huit ans; & cependant en une année il refit la *Sophonisbe de Mairet* toute entière; & compoſa la tragédie des *Loix de Minos*. Il ne regardait pas ces ouvrages faits à la hâte pour le théâtre de ſon château, comme de bonne pièces. Les connaiſſeurs ne dirent pas beaucoup de mal des Loix de Minos. Mais il faut avouer que les ouvrages dramatiques qui n'ont pas paru ſur la ſcène, & ceux qui n'en ſont pas reſtés longtems en poſſeſſion, ne ſervent qu'à groſſir inutilement la foule des brochures dont l'Europe eſt ſurchargée; de même que les tableaux & les eſtampes qui n'entrent point dans les cabinets des amateurs, reſtent comme s'ils n'étaient pas.

L'an 1774, il eut une occaſion ſingulière d'employer le même empreſſement qu'il avait eu le bonheur de ſignaler dans les funeſtes avantures des Calas & des Sirven.

Il apprit qu'il y avait à Veſel dans les troupes du Roi de Prusse un jeune gentilhomme Français, d'un mérite modeste, & d'une sagesse rare. Ce jeune homme n'était que simple volontaire. C'était le même qui avait été condamné dans Abbeville, au supplice des parricides avec le chevalier de la Barre, pour ne s'être pas mis à genoux pendant la pluie devant une procession de capucins, laquelle avait passé à cinquante ou soixante pas d'eux.

On avait ajouté à cette charge celle d'avoir chanté une chanson grivoise de corps-de-garde, faite depuis environ cent ans, & d'avoir récité l'ode à Priape de Piron. Cette ode de Piron était une débauche d'esprit & de jeunesse, dont l'emportement fut jugé si pardonnable par le Roi de France Louis XV, qu'ayant sçu que l'auteur était très-pauvre, il le gratifia d'une pension sur sa cassette. Ainsi celui qui avait fait la pièce fut récompensé par un bon Roi, & ceux qui l'avaient récitée furent condamnés par des barbares de village au plus épouvantable supplice.

Trois juges d'Abbeville avaient conduit la procédure; leur sentence portait, que le chevalier de la Barre, & son jeune ami dont je parle, feraient appliqués à la torture ordinaire & extraordinaire, qu'on leur couperait le poing, qu'on leur arracherait la langue avec des tenailles, & qu'on les jetterait vivans dans les flammes.

Des trois juges qui rendirent cette fentence, deux étaient abfolument incompétens ; l'un parce qu'il était l'ennemi déclaré des parens de ces jeunes gens ; l'autre parce que s'étant fait autrefois recevoir avocat, il avait depuis acheté & exercé un emploi de procureur dans Abbeville ; que fon principal métier était celui de marchand de bœufs & de cochons ; qu'il y avait contre lui des fentences des confuls de la ville d'Abbeville, & que depuis il fut déclaré par la cour des Aides, incapable d'exercer aucune charge municipale dans le royaume.

Le troifième juge intimidé par les deux autres eut la faibleffe de figner, & en eut enfuite des remords auffi cuifans qu'inutiles.

Le chevalier de la Barre fut exécuté à l'étonnement de toute l'Europe, qui en friffonne encor d'horreur. Son ami fut condamné par contumace, ayant toujours été dans le pays étranger avant le commencement du procès.

Ce jugement ſi exécrable & en même tems ſi abſurde, qui a fait un tort éternel à la nation Françaiſe, était bien plus condamnable que celui qui fit rouer l'innocent Calas. Car les juges de Calas ne firent d'autre faute que celle de ſe tromper; & le crime des juges d'Abbeville fut d'être barbares en ne ſe trompant pas. Ils condamnèrent deux enfans innocens à une mort auſſi cruelle que celle de Ravaillac & de Damiens, pour une légéreté qui ne méritait pas huit jours de priſon. L'on peut dire que depuis la St. Barthelemi il ne s'était rien paſſé de plus affreux. Il eſt triſte de rapporter cet exemple d'une férocité brutale, qu'on ne trouverait pas chez les peuples les plus ſauvages; mais la vérité nous y oblige. On doit ſurtout remarquer que c'eſt dans les tems du plus grand luxe ſous l'empire de la molleſſe & de la diſſolution la plus effrénée que ces horreurs ont été commiſes par piété.

Mr. de Voltaire ayant donc ſçu qu'un de ces jeunes gens, victime du plus déteſtable fanatiſme qui ait jamais ſouillé la terre, était dans un régiment du Roi de Pruſſe, en donna avis à ce Monarque, qui ſur le champ eut la générosité de le faire officier. Le roi de Prusse s'informa plus particuliérement de la conduite du jeune gentilhomme ; il sut qu'il avait appris sans maître l'art du génie & du dessein ; il sut combien il était sage, réservé, vertueux ; combien sa conduite condamnait ses prétendus juges d'Abbeville. Il daigna l'appeller auprès de sa personne, lui donna une compagnie, le créa son ingénieur, l'honora d'une pension, & répara ainsi par la bienfaisance le crime de la barbarie & de la sottise. Il écrivit à Mr. de Voltaire dans les termes les plus touchans, tout ce qu'il daignait faire pour ce militaire aussi estimable qu'infortuné. Nous avons été tous témoins de cette avanture si horriblement deshonorante pour la France, & si glorieuse pour un Roi philosophe. Ce grand exemple instruira les hommes, mais les corrigera-t-il ?

Immédiatement après notre vieillard rechauffa les glaces de son âge pour profiter des vues patriotiques d'un nouveau ministre, qui le premier en France débuta par être le père du peuple. La patrie que Mr. de Voltaire s'était choisie dans le pays de Gex, est une langue de terre de cinq à six lieues sur deux, entre le mont Jura, le lac de Genève, les Alpes & la Suiſſe. Ce pays était infeſté par environ quatre-vingt sbires des aides & gabelles, qui abuſaient de la dignité de leur bandolière pour vexer horriblement le peuple à l'inſçu de leurs maîtres. Le pays était dans la plus effroyable misère. Il fut aſſez heureux pour obtenir du bienfeſant miniſtre un traité par lequel cette ſolitude (je n'oſe pas dire province,) fut délivrée de toute vexation ; elle devint libre & heureuſe. Je devrais mourir après cela, dit-il, car je ne puis monter plus haut.

Il ne mourut pourtant pas cette fois-là ; mais ſon noble émule, ſon illuſtre adverſaire Catherin Fréron mourut. Une choſe aſſez plaiſante à mon gré, c'eſt que Mr. de Voltaire reçut de Paris une invitation de ſe trouver à l'enterrement de ce pauvre diable. Une femme qui était apparemment de la famille, lui écrivit une lettre anonyme que j'ai entre les mains ; elle lui propoſait très-ſérieuſement de marier la fille de Fréron, puiſqu'il avait marié la deſcendante de Corneille. Elle l'en conjurait avec beaucoup d'inſtance ; & elle lui indiquait le curé de la Madelaine à Paris, auquel il devait s'adresser pour cette affaire. Mr. de Voltaire me dit, si Fréron a fait le Cid, Cinna & Polyeucte, je marierai sa fille sans difficulté.

Il ne recevait pas toujours des lettres anonymes. Un Mr. Clément lui en adressait plusieurs au bas desquelles il mettait son nom. Ce Clément maître de quartier dans un collége de Dijon, & qui se donnait pour maître dans l'art de raisonner, & dans l'art d'écrire, était venu à Paris vivre d'un métier qu'on peut faire sans apprentissage. Il se fit folliculaire. Mr. l'abbé de Voisenon écrivit *Zoïle genuit Mevium, Mevius genuit Giot Des-Fontaines, Giot autem genuit Freron, Freron autem genuit Clement*, & voilà comme on dégénère dans les grandes maisons. Ce Mr. Clément avait attaqué le marquis de St. Lambert, Mr. de Lille & plusieurs autres membres de l'Académie avec une véhémence que n'ont pas les plaideurs les plus acharnés quand il s'agit de toute leur fortune. Dequoi s'agissait-il ? De quelques vers. Cela ressemble au docteur de Molière, qui écume de colère de ce qu'on a dit forme de chapeau, & non pas figure de chapeau. Voici ce que Mr. de Voltaire en écrivit à Mr. l'abbé de Voisenon.

» Il

. . . .

„ Il eſt bien vrai que l'on m'annonce
„ Les lettres de maître Clément.
„ Il a beau m'écrire ſouvent,
„ Il n'obtiendra point de réponſe.
„ Je ne ſerai pas aſſez ſot
„ Pour m'embarquer dans ces querelles.
„ Si ç'eut été Clément Marot
„ Il aurait eu de mes nouvelles.

» Mais pour Mr. Clément tout court, qui » dans un volume beaucoup plus gros que » la Henriade, me prouve que la Henriade » ne vaut pas grand-choſe, hélas! il y a ſoi» xante ans que je le ſavais comme lui. J'a» vais débuté à vingt & un an par le ſecond » chant de la Henriade. J'étais alors tel qu'eſt » aujourd'hui Mr. Clément, je ne ſavais de » quoi il était queſtion. Au lieu de faire un » gros livre contre moi, que ne fait-il une » Henriade meilleure? cela eſt ſi aiſé! "

Il y a des ſortes d'eſprits qui ayant contracté l'habitude d'écrire, ne peuvent y renoncer dans la plus extrême vieilleſſe: tels furent Huet & Fontenelle. Notre auteur quoiqu'accablé d'années & de maladies travailla toujours gaîment. L'épitre à Boileau, l'épitre à Horace, la Tactique, le Dialogue de Pégaze &

du Vieillard, Jean qui pleure & qui rit, & plusieurs petites pièces dans ce goût, furent écrites à quatre-vingt-deux ans. Et il fit plus des trois quarts des *Questions sur l'Encyclopédie*, avec deux ou trois hommes de lettres. On faisait plusieurs éditions à la fois de chaque volume à mesure qu'il en paraissait un. Ils sont tous imprimés assez incorrectement.

Il y a sur l'article *Messie* un fait assez étrange, & qui montre que les yeux de l'envie ne sont pas toujours clairvoyants. Cet article *Messie*, déjà imprimé dans la grande Encyclopédie de Paris, est de Mr. Polier de Bottens, premier pasteur de l'église de Lausanne, homme aussi respectable par sa vertu que par son érudition. L'article est sage, profond, instructif. Nous en possédons l'original écrit de la propre main de l'auteur. On crut qu'il était de Mr. de Voltaire, & on y trouva cent erreurs. Dès qu'on sçut qu'il était d'un prêtre, l'ouvrage fut très-chrétien.

Parmi ceux qui tombèrent dans ce piège, il faut daigner compter l'ex-jésuite *Nonotte*. C'est ce même homme qui s'avisa de nier qu'il y eut dans le Dauphiné une petite ville de Livron, assiégée par l'ordre de *Henri trois*; qui ne savait pas que des Rois de la première race avaient eu plusieurs femmes à la fois; qui ignorait qu'*Eucherius* était le premier auteur de la fable de la Légion Thébaine. C'est lui qui écrivit deux volumes contre l'*Histoire de l'esprit & des mœurs des nations*, & qui se méprit à chaque page de ces deux volumes. Son livre se vendit, parce qu'il attaquait un homme connu.

Le fanatisme de ce Nonotte était si parfait, que dans je ne sais quel *Dictionnaire philosophique, religieux, ou anti-philosophique*, il assure, à l'article *Miracle*, qu'une hostie percée à coup de canif, dans la ville de Dijon, répandit vingt palettes de sang; & qu'une autre hostie, ayant été jettée au feu dans Dôle, s'en alla voltigeant sur l'autel. Frère Nonotte, pour démontrer la vérité de ces deux faits, cite deux vers latins d'un président Boisvin, Francomtois.

Impie, quid dubitas hominemque Deumque fateri?
Se probat esse hominem sanguine, & igne Deum.

Ce qui signifie, en réduisant ces deux vers impertinents à un sens clair:

„ Impie, pourquoi hésites-tu à confesser „ un Homme-Dieu? Il prouve qu'il est hom- „ me par le sang, & Dieu par les flammes. "

On ne peut mieux prouver: & c'est sur cette preuve que Nonotte s'extasie en disant: *telle est la manière dont on doit procéder pour régler sa créance sur les miracles.*

Mais ce bon Nonotte, en réglant sa créance sur des injures de théologien, & sur des raisonnemens de *petites-maisons*, ne savait pas qu'il y a plus de soixante villes en Europe, où le peuple prétend qu'autrefois les Juifs donnèrent des coups de couteau à des hosties qui répandirent du sang: il ne sait pas qu'on fait encor aujourd'hui commémoration à Bruxelles d'une pareille avanture; & j'y ai entendu, il y a quarante ans, cette belle chanson:

„ Gaudissons nous, bons Chrétiens, au supplice
„ Du vilain Juif appellé Jonathan,
„ Qui sur l'autel a, par grande malice,
„ Assassiné le très-saint Sacrement. "

Il ne connaît pas le miracle de la rue aux oues à Paris, où le peuple brule tous les ans la figure d'un Suisse ou d'un Francomtois qui assassina la Ste. Vierge & l'Enfant-

Jésu au bout de la rue; & le miracle des Carmes nommés Billetes, & cent autres miracles dans ce goût, célèbrés par la lie du peuple, & mis en évidence par la lie des écrivains, qui veulent qu'on croye à ces fadaises comme au miracle des nôces de Canaa, & à celui des cinq pains.

Tous ces pères de l'Eglise, les uns en sortant de Bissêtre, les autres en sortant du cabaret, quelques-uns en lui demandant l'aumône, lui envoyaient continuellement des libelles & des lettres anonimes : il les jettait au feu sans les lire. C'est en réfléchissant sur l'infame & déplorable métier de ces malheureux, soi-disant gens de Lettres, qu'il avait composé la petite pièce de vers intitulée *Le pauvre Diable*, dans laquelle il fait voir évidemment qu'il vaut mille fois mieux être laquais ou portier dans une bonne maison que de traîner dans les rues, dans un caffé & dans un galetas une vie indigente qu'on soutient à peine en vendant à des libraires des libelles où l'on juge les Rois, où l'on outrage les femmes, où l'on gouverne les états, & où l'on dit à son prochain des injures sans esprit.

Dans les derniers tems il avait une profonde indifférence pour ses propres ouvrages dont il fit toujours peu de cas, & dont il ne parlait jamais. On les réimprimait continuellement sans même l'en instruire. Une édition de la Henriade, ou des tragédies, ou de l'histoire, ou de ses pièces fugitives, était-elle sur le point d'être épuisée, une autre édition lui succédait sur le champ. Il écrivait souvent aux libraires : *n'imprimez pas tant de volumes de moi ; on ne va point à la postérité avec un si gros bagage.* On ne l'écoutait pas ; on le réimprimait à la hâte ; on ne le consultait point ; & ce qui est presque incroyable & très-vrai ; c'est qu'on fit à Genève une magnifique édition in-quarto, dont il ne vit jamais une seule feuille, & dans laquelle on inséra plusieurs ouvrages qui ne sont pas de lui, & dont les auteurs sont connus. C'est à propos de toutes ces éditions qu'il disait & qu'il écrivait à ses amis : *je me regarde comme un homme mort dont on vend les meubles.* (*)

(*) Cette édition in-4°. pèche par le désordre qui défigure plusieurs tomes, par le ridicule de faire suivre une pièce composée en 1770 par une faite en 1720,

Le premier magiſtrat & le premier paſteur évangelique de Lauſanne ayant établi une Imprimerie dans cette Ville, on y fit ſous le nom de Londres une édition appellée complette. Les éditeurs y ont inſéré plus de cent petites pièces en proſe & en vers, qui ne peuvent être ni de lui, ni d'un homme de goût, ni d'un homme du monde, telles que celle-ci qui ſe trouve dans les opuſcules de l'abbé de Grécour.

Belle maman ſoyez l'arbître
Si la fievre n'eſt pas un titre
Suffiſant pour me diſculper.
Je ſuis au lit comme un bélitre
Et c'eſt à force de lamper;
Mais j'eſpère d'en réchaper
Puiſqu'en recevant cette épître
L'amour me dreſſe mon pupître.

Telle eſt une apothéoſe de Mademoiſelle le Couvreur, faite par un précepteur nommé Bonneval: H 4

1720, par la profuſion de cent petits ouvrages de ſociété qui ne ſont pas de l'auteur & qui ſont indignes du public: enfin par beaucoup de fautes typographiques. Cependant elle peut être recherchée pour la beauté du papier, du caractère & des eſtampes.

Quel contraste frappe mes yeux
Melpomène ici désolée
Elève avec l'aveu des Dieux
Un magnifique mausolée.

Telle est cette pièce misérable.

Adieu ma pauvre tabatiere,
Adieu doux fruit de mes écus.

Telle est cette autre intitulée le *loup moraliste.*

Telle est je ne sais quelle ode, qui semble être d'un cocher de Vertamon devenu capucin, intitulée le *vrai Dieu.*

Ces bêtises étaient soigneusement recueillies dans l'édition complette d'après les livres nouveaux de Madame Oudot, les almanacs des muses, le porte-feuille retrouvé & les autres ouvrages de génie qui bordent à Paris, le pont-neuf & le quai des Théatins. Elles se trouvent en très-grand nombre dans le vingt-troisième tome de cette édition de Lausanne. Tout ce fatras est fait pour les halles. Les éditeurs ont eu encor la bonté d'imprimer à la tête de ces platitudes dégoutantes, *Le tout revu & corrigé par l'auteur même*, qui assurément n'en avait rien vu. Ce n'est pas ainsi que Robert Etienne imprimait. L'antique disette de livres était bien préférable à cette multitude accablante d'écrits, qui inondent aujourd'hui Paris & Londres, & aux sonnets qui pleuvent dans l'Italie.

Quand on falsifia quelques-unes de ses lettres qu'on imprima en Hollande, sous le titre de lettres secrettes, il parodia cette ancienne épigramme :

„ Voilà donc mes Lettres secrettes,
„ Si secrettes, que pour Lecteur
„ Elles n'ont que leur Imprimeur,
„ Et ces Messieurs qui les ont faites."

Nous voulons bien ne pas dire quel est le galant homme qui fit imprimer en 1766 à Amsterdam, sous le titre de Genève les *Lettres de Mr. de Voltaire à ses amis du Parnasse, avec des notes historiques & critiques.* Cet éditeur compte parmi ses amis du Parnasse, la Reine de Suède, l'Electeur Palatin, le Roi de Pologne, le Roi de Prusse. Voilà de bons amis intimes, & un beau Parnasse. L'éditeur non-content de cette extrême impertinence, y ajouta pour vendre son livre la friponnerie dont la Baumelle avait donné le premier exemple. Il falsifia quelques Lettres qui avaient en effet couru, & entr'autres une Lettre ſur la langue françaiſe & l'italienne, écrite en 1761 à Mr. *Tovazi Deodati*, dans laquelle ce fauſſaire déchire avec la plus platte groſſiéreté les plus grands Seigneurs de France. Heureuſement il prêtait ſon ſtile à l'auteur ſous le nom duquel il écrivait pour le perdre. Il fait dire à Mr. de Voltaire *que les Dames de Verſailles ſont d'agréables commeres & que Jean Jaques Rouſſeau eſt leur toutou.* C'eſt ainſi qu'en France nous avons eu de puiſſants génies à deux ſous la feuille qui ont fait les Lettres de Ninon, de Maintenon, du cardinal Alberoni, de la reine Chriſtine, de Mandrin, &c. Le plus naturel de ces beaux eſprits était celui qui diſait, je m'occupe à préſent à faire des penſées de la Rochefoucault.

Nous allons donner quelques véritables Lettres de Mr. de Voltaire d'après ſes propres minutes que nous conſervons; nous ne publions que celles dont on peut tirer quelque utilité.

LET-

LETTRES VERITABLES DE MR. DE VOLTAIRE.

Voici une copie fidèle de la lettre sur les langues, qu'il écrivit à Mr. Tovasi Deodati le 24 Janvier 1761, & qui a été si indignement défigurée dans une édition de Hollande.

JE suis très-sensible, Monsieur, à l'honneur que vous me faites, de m'envoyer votre livre de *l'excellence de la langue Italienne*; c'est envoyer à un amant l'éloge de sa maîtresse. Permettez-moi cependant quelques réflexions en faveur de la langue française que vous paraissez déprîser un peu trop. On prend souvent le parti de sa femme, quand la maîtresse ne la ménage pas assez.

Je crois, Monsieur, qu'il n'y a aucune

langue parfaite : il en eſt des langues comme de bien d'autres choſes, dans leſquelles les ſavans ont reçu la loi des ignorans. C'eſt le peuple ignorant qui a formé les langages ; les ouvriers ont nommé tous leurs inſtrumens. Les peuplades à peine raſſemblées ont donné des noms à tous leurs beſoins ; & après un très-grand nombre de ſiècles les hommes de génie ſe ſont ſervis comme ils ont pu des termes établis au hazard par le peuple.

Il me paraît qu'il n'y a dans le monde que deux langues véritablement harmonieuſes, la grecque & la latine. Ce ſont en effet les ſeules dont les vers ayent une vraye meſure, un rithme certain, un vrai mélange de *dactiles* & de *ſpondées*, une valeur réelle dans les ſyllabes. Les ignorans qui formèrent ces deux langues avaient ſans doute la tête plus ſonnante, l'oreille plus juſte, les ſens plus délicats que les autres nations.

Vous avez, comme vous le dites, Monſieur, des ſyllabes longues & brèves dans votre belle langue italienne : nous en avons auſſi ; mais ni vous, ni nous, ni aucun peuple n'avons de véritables dactiles & de véritables ſpondées. Nos vers ſont caractériſés par le nombre & non par la valeur des ſyllabes. *La bella lingua Toſcana è la figlia primogenita del Latino.* Mais jouiſſez de votre droit d'aîneſſe, & laiſſez à vos cadettes partager quelque choſe de la ſucceſſion.

J'ai toujours reſpecté les Italiens comme nos maîtres; mais vous avouerez que vous avez fait de fort bons diſciples. Preſque toutes les langues de l'Europe ont des beautés & des défauts qui ſe compenſent. Vous n'avez point les mélodieuſes & nobles terminaiſons des mots eſpagnols, qu'un heureux concours de voyelles & de conſonnes rendent ſi ſonores: *los rios*, *los hombres*, *las hiſtorias*, *los coſtumbres.* Il vous manque auſſi les diphtongues, qui dans notre langue font un effet ſi harmonieux: *les rois*, *les empereurs*, *les exploits*, *les hiſtoires*, vous nous reprochés nos *e* muets comme un ſon triſte & ſourd qui expire dans notre bouche; mais c'eſt préciſément dans ces *e* muets que conſiſte la grande harmonie de notre proſe & de nos vers: *empire*, *couronne*, *diadême*, *flamme*, *tendreſſe*, *victoire.* Toutes ces déſinences heureuſes laiſſent dans l'oreille un ſon qui ſubſiſte encore après le mot prononcé, comme un clavecin qui réſonne, quand les doigts ne frappent plus les touches.

Avouez, Monſieur, que la prodigieuſe variété de toutes ces déſinences peut avoir quelque avantage ſur les cinq terminaiſons de tous les mots de votre langue. Encore de ces cinq terminaiſons faut-il retrancher la dernière; car vous n'avez que ſept ou huit mots qui ſe terminent en *u*; reſte donc quatre ſons *a*, *e*, *i*, *o*, qui finiſſent tous les mots italiens. Penſez-vous de bonne-foi que l'oreille d'un étranger ſoit bien flattée, quand il lit pour la première fois: *il capitano che'l gran ſepolcro libero di Chriſto, e che molto opro col ſenno e colla mano?* Croyez-vous que tous ces *o* ſoyent bien agréables à une oreille qui n'y eſt pas accoutumée? Comparez à cette triſte uniformité, ſi fatigante pour un étranger, comparez à cette ſéchereſſe ces deux vers ſimples de Corneille:

Le deſtin ſe déclare, & nous venons d'entendre
Ce qu'il a réſolu du beau-père & du gendre.

Vous voyez que chaque mot ſe termine différemment. Prononcez à préſent ces deux vers d'Homère:

Ex o dai ta prota diasteicin erisanté
Atréides dé anax andron, kai Dios Akilleus.

Qu'on prononce ces vers devant une jeune perſonne, ſoit anglaiſe, ſoit allemande, qui aura l'oreille un peu délicate, elle donnera la préférence au grec; elle ſouffrira le français; elle ſera un peu choquée de la répétition continuelle des déſinences italiennes. C'eſt une expérience que j'ai faite pluſieurs fois.

Vos poëtes, qui ont ſervi a former votre langue, ont ſi bien ſenti ce vice radical de la terminaiſon des mots italiens, qu'ils ont retranché les lettres *e* & *o* qui finiſſaient tous les mots à l'infinitif au paſſé, & au nominatif; ils diſent *amar'* pour *amaré; noqueron'* pour *noquerono; la ſtagion* pour *la ſtagione; buon'* pour *buono; malevol* pour *malevole.* Vous avez voulu éviter la cacofonie; & c'eſt pour cela que vous finiſſez très-ſouvent vos vers par la lettre canine *r*; ce que les grecs ne firent jamais.

J'avoue que la langue latine dut longtems paraître rude & barbare aux grecs par la fréquence de ſes *ur* de ces *um* qu'on prononçait *our* & *oum*, & par la multitude de ces noms propres terminés tous en *us* ou plutôt en *ous*. Nous avons brisé plus que vous cette uniformité. Si Rome était pleine autrefois de sénateurs & de chevaliers en *us*, on n'y voit à présent que des cardinaux & des des abbés en *i*.

Vous vantez, Monsieur, & avec raison l'extrême abondance de votre langue; mais permettez-nous de n'être pas dans la disette. Il n'est, à la vérité, aucun idiome au monde qui peigne toutes les nuances des choses. Toutes les langues sont pauvres à cet égard: aucune ne peut exprimer, par exemple, en un seul mot, l'amour fondé sur l'estime, ou sur la beauté seule, ou sur la convenance des caractères, ou sur le besoin d'aimer; il en est ainsi de toutes les passions, de toutes les qualités de notre ame: ce que l'on sent le mieux est souvent ce qui manque de terme.

Mais, Monsieur, ne croyez pas que nous soyons réduits à l'extrême indigence que vous nous reprochez en tout. Vous faites un catalogue en deux colomnes de votre superflu & de notre pauvreté. Vous mettez d'un côté *orgoglio*, *alterigia*, *superbia*, & de l'autre *orgueil* tout seul. Cependant, Monsieur, nous avons

avons *orgueil*, *ſuperbe*, *hauteur*, *fierté*, *morgue*, *élévation*, *dédain*, *arrogance*, *inſolence*, *gloire*, *gloriole*, *préſomption*, *outre-cuidance*. Tous ces mots expriment des nuances différentes, de même que chez vous, *orgoglio*, *ſuperbia*, *alterigia*, ne ſont pas toujours ſynonimes.

Vous nous reprochez, dans votre alphabet de nos miſères, de n'avoir qu'un mot pour ſignifier *vaillant*. Je ſais, Monſieur, que votre nation eſt très-vaillante quand elle veut & quand on le veut: l'Allemagne & la France ont eu le bonheur d'avoir à leur ſervice de très-braves & de très-grands officiers Italiens. *L'italico valor non è ancor morto.*

Mais ſi vous avez *valente*, *prode*, *animoſo*: nous avons *vaillant*, *valeureux*, *preux*, *courageux*, *intrépide*, *hardi*, *animé*, *audacieux*, *brave*, *&c.* Ce courage, cette bravoure ont pluſieurs caractères différents qui ont chacun leurs termes propres. Nous dirions bien que nos Généraux ſont vaillants, courageux, braves, &c. mais nous diſtinguerions le courage vif & audacieux du Général qui emporta l'épée à la main tous les ouvrages de *Port-Mahon*, taillés dans le roc vif: la fermeté constante, réfléchie & adroite avec laquelle un de nos chefs sauva une garnison entière d'une ruine certaine, & fit une marche de trente lieues à la vue d'une armée ennemie de trente mille combattants.

Nous exprimerions encor différemment l'intrépidité tranquille que les connaisseurs admirèrent dans le petit neveu du héros de la *Valteline*, lors qu'ayant vu son armée en déroute par une terreur panique de nos alliés, ce Général ayant apperçu le régiment de *Diesbach* & un autre qui faisaient ferme contre une armée victorieuse, quoi qu'ils fussent entamés par la cavalerie & foudroyés par le canon, marcha seul à ces régimens, loua leur *valeur*, leur *courage*, leur *fermeté*, leur *intrépidité*, leur *vaillance*, leur *patience*, leur *audace*, leur *animosité*, leur *bravoure*, leur *héroisme*, *&c.* Voyez, Monsieur, que de termes pour un. Ensuite il eut le courage de ramener ces deux régimens à petits pas & de les sauver du péril où leur *valeur* les jettait ; les conduisit en bravant les ennemis victorieux, & eut encor le *courage* de soutenir les reproches d'une multitude toujours mal-instruite.

Croyez donc, je vous prie, Monſieur, que nous avons dans notre langue l'eſprit de faire ſentir ce que les défenſeurs de notre patrie ou de notre pays ont le mérite de faire.

Vous nous inſultez, Monſieur, ſur le mot de *ragoût* : vous vous imaginez que nous n'avons que ce terme pour exprimer nos *mets*, nos *plats*, nos *entrées* de table, nos *menus*. Plut-à-Dieu que vous euſſiez raiſon ! Je m'en porterais mieux ; mais malheureuſement nous avons un *Dictionnaire* entier *de cuiſine*.

Vous vous vantez de deux expreſſions pour ſignifier *gourmand*, mais daignez plaindre, Monſieur, *nos gourmands*, *nos goulus*, *nos friands*, *nos mangeurs*, *nos gloutons*.

Vous ne connaiſſez que le mot de *ſavant*, ajoutez-y, s'il vous plait, *docte*, *erudit*, *inſtruit*, *éclairé*, *habile*, *lettré*, vous trouverez parmi nous le nom & la choſe.

Croyez qu'il en eſt ainſi de tous les reproches que vous nous faites. Nous n'avons point de *diminutifs* : nous en avions autant que vous du tems de Marot & de Rabelais & de Montaigne ; mais cette puérilité nous a paru indigne d'une langue ennoblie par les Paſcal, les Boſſuet, les Fénelon, les Peliſſon, les Corneille, les Defpreaux, les Racine, les Maffillon, les la Fontaine, les la Bruyère &c. Nous avons laiffé à Ronfard, à Marot, à Dubartas, les diminutifs badins en *otte* & en *ette*; & nous n'avons guères confervé que *fleurette*, *amourette*, *fillette*, *grifette*, *grandelette*, *vieillotte*, *nabotte*, *villotte*; encor ne les employons-nous que dans le ftile très-familier. N'imitez pas le *Buon' Matthei*, qui, dans fa harangue à l'Académie de la *Crufca*, fait tant valoir l'avantage exclufif d'exprimer *corbello*, *corbellino*, en oubliant que nous avons *corbeilles* & *corbillons*.

Vous poffedez, Monfieur, des avantages bien plus réels; celui des inverfions; celui de faire plus facilement cent bons vers en italien, que nous n'en pouvons faire dix en français. La raifon de cette facilité, c'eft que vous vous permettez ces *hiatus*, ces baillemens de fyllabes que nous profcrivons. C'eft que tous vos mots finiffant en *a*, *e*, *i*, *o*, vous fourniffent au moins vingt fois plus de rimes que nous n'en avons, & que par deffus cela vous pouvez encor vous paffer de rimes. Vous êtes moins afservis que nous à l'émistiche & à la césure. Vous dansez en liberté ; & nous dansons avec nos chaînes.

Mais croyez-moi, Monsieur ; ne reprochez à notre langue, ni la rudesse, ni le défaut de prosodie, ni l'obscurité, ni la sécheresse. Vos traductions de quelques ouvrages français prouveraient le contraire. Lisez d'ailleurs tout ce que Mrs. d'Olivet & du Marsais ont composé sur la manière de bien parler notre langue. Lisez Mr. Duclos : voyez avec combien de force, de clarté, d'énergie & de grace s'expriment Mrs. d'Alembert & Diderot. Quelles expressions pittoresques employent souvent Mr. de Buffon & Mr. Helvétius, dans des ouvrages qui n'en paraissent pas toujours susceptibles.

Je finis cette lettre trop longue par une réflexions. Si le peuple à formé les langues, les grands-hommes les perfectionnent par les bons livres ; & la première de toutes les langues est celle qui a le plus d'excellents ouvrages.

» Etalés moins votre abondance,
» Vôtre origine & vos honneurs :

Il ne ſied pas aux Grands-Seigneurs
De ſe vanter de leur naiſſance.

L'Italie inſtruiſit la France ;
Mais par un reproche indiſcret,
Nous ſerions forcés, à regret,
A manquer de reconnaiſſance.

Dès longtems ſortis de l'enfance,
Nous avons quitté les genoux
D'une nourrice en décadence,
Dont le lait n'eſt plus fait pour nous.

Nous pourions devenir jaloux,
Quand vous parlez notre langage.
Puiſqu'il eſt embelli par vous,
Ceſſez donc de lui faire outrage.

L'égalité contente un Sage :
Terminons ainſi le procès.
Quand on eſt égal aux Français,
Ce n'eſt pas un mauvais partage.

LET-

LETTRE
A MR. LE COMTE DE CAYLUS,
sur des morceaux de sculpture de Bouchardon.

(On n'a pas trouvé la date.)

VOus me comblez de joye & de reconnaissance, Monsieur; je m'intéresse presque autant que vous aux progrès des arts & particulièrement à la sculpture & à la peinture dont je suis simple amateur. Mr. Bouchardon est notre Phidias. Il y a bien du génie dans son idée de l'amour qui fait un arc de la massue d'Hercule; mais alors cet amour sera bien grand; il sera nécessairement dans l'attitude d'un garçon charpentier; il faudra que la massue & lui soient à-peu-près de même hauteur. Car Hercule avait (dit-on,) neuf piés de haut, & sa massue environ six: si le sculpteur observe ces dimensions, comment reconnaîtrons nous l'amour enfant, tel qu'on doit toujours le figurer? pensez-vous que l'amour fesant tomber des copeaux à ses pieds à coup de ciseau soit un objet bien agréable.

De plus en voyant une partie de cet arc qui sort de la massue, devinera-t-on que c'est l'arc de l'amour ? L'épée aux pieds dira-t-elle que c'est l'épée de Mars ? & pourquoi de Mars plutôt que d'Hercule ? Il a longtems qu'on a peint l'amour jouant avec les armes de Mars, & cela est en effet pittoresque ; mais j'ai peur que la pensée de Bouchardon ne soit qu'ingénieuse. Il en est, me semble, de la sculpture & de la peinture comme de la musique, elles n'expriment point l'esprit. Un madrigal ingénieux ne peut être rendu par un musicien ; & une allégorie fine & qui n'est que pour l'esprit, ne peut être exprimée ni par le sculpteur, ni par le peintre. Il faut, je crois, pour rendre une pensée fine, que cette pensée soit animée de quelque passion ; qu'elle soit caractérisée d'une manière non équivoque, & surtout que l'expression de cette pensée soit aussi gracieuse à l'œil, que l'idée est riante pour l'esprit. Sans cela on dira : un sculpteur a voulu caractériser l'amour & il a fait l'amour sculpteur. Si un pâtissier devenait peintre, il peindrait l'amour tirant de son four des petits-pâtés. Ce serait à mes yeux un mérite, si cela était gracieux ; mais la seule idée des calus que l'exercice de la ſculpture donnent ſouvent aux mains, peut défigurer l'amant de Pſyché. Enfin ma grande objection eſt que ſi Mr. Bouchardon peut faire de ſon marbre deux figures, il eſt fort triſte qu'une grande vilaine maſſue, ou une petite maſſue ſans proportion gâte ſon ouvrage. J'ai peut-être tort : je l'ai sûrement ; ſi vous me condamnez ; mais je vous demande, Monſieur, ce qui fera la beauté de ſon ouvrage ? c'eſt l'attitude de l'amour, c'eſt la nobleſſe & le charme de ſa figure; le reſte n'eſt pas fait pour les yeux. N'eſt-il pas vrai qu'une main bien faite, un œil animé, vaut mieux que toutes les allégories ? Je voudrais que notre grand ſculpteur fit quelque chose de paſſionné. Puget a ſi bien exprimé la douleur ! un Appollon qui vient de tuer Hiacinthe : un amour qui voit Pſyché évanouïe : une Vénus auprès d'Adonis expirant ! Ce ſont-là, à mon gré, de ces ſujets qui peuvent faire briller toutes les parties de la ſculpture. Je ſuis bien hardi de parler ainſi devant vous. Je vous ſupplie, Monſieur, d'excuſer tant de témérité.

Je n'ai rien à dire ſur la belle fontaine qui va embellir notre capitale, ſinon qu'il faudrait que Mr. Turgot (*) fut notre Edile & notre Prèteur perpétuel. Les Parisiens devraient contribuer davantage à embellir leur ville, à détruire les monumens de la barbarie gothique, & particuliérement ces ridicules fontaines de village qui défigurent notre ville. Je ne doute pas que Bouchardon ne fasse de cette fontaine un beau morceau d'architecture; mais qu'est-ce qu'une fontaine adossée à un mur dans une rue, & cachée à moitié par une maison? Qu'est-ce qu'une fontaine qui n'aura que deux robinets, où les porteurs d'eau viendront remplir leurs sceaux? Ce n'est pas ainsi qu'on a construit les fontaines dont Rome est embellie. Nous avons bien de la peine à nous tirer du goût mesquin & grossier. Il faut que les fontaines soient élevées dans les places publiques, & que ces beaux monumens soient vus de toutes parts. Il n'y a pas une seule place publique dans le vaste fauxbourg St. Germain: cela fait saigner le cœur. Paris est comme la statue de Nabucodonosor, en partie or, & en partie fange, &c.

(*) C'est le père du Contrôleur général.

LETTRE DE MR. CLAIRAUT A MR. DE VOLTAIRE,

datée de Paris, 16 Août 1759.

MONSIEUR,

L'Amitié dont vous m'avez autrefois honoré m'est toujours présente à l'esprit, comme une des distinctions des plus flatteuses que j'aye obtenues. Si depuis longtems je ne vous en ai point demandé de nouveaux témoignages, il ne faut l'attribuer qu'à la crainte de vous dérober des momens dont toute l'Europe connaît le prix. Cette crainte si juste dans la plûpart des occasions qui déterminent le commun des hommes, serait déplacée, lorsque l'on a quelques réflexions à vous communiquer sur des matières propres à vous intéresser : & la multiplicité si étendue de vos connaissances vous empèche de trouver de la stérilité dans quelque commerce littéraire que ce soit.

„ J'ai donc imaginé que l'intérêt que vous prenez au ſyſtème de Newton, que vous avez établi le premier en France par la manière brillante dont vous l'avez expoſé, vous engagerait à jetter les yeux ſur les efforts que j'ai faits en dernier lieu pour contribuer à l'avancement de ce ſyſtème. C'eſt la fixation du retour de la comète annoncée par Halley : opération que j'ai faite en appliquant ma détermination générale des perturbations que les corps céleſtes ſe cauſent mutuellement. Je joins ici le mémoire que je lus à la rentrée publique de la St. Martin dernière, ſur cette matière. Comme il a été attaqué avec aſſez de paſſion dans divers Journaux; j'ai cru devoir répondre à mes critiques avant la publication de toute ma théorie. Et j'ai l'honneur de ſoumettre à votre jugement ce ſecond mémoire, ainſi que le premier. Lorſque l'ouvrage entier ſera achevé d'imprimer, il vous ſera préſenté avec le même empreſſement.

Je ſuis avec la plus haute eſtime & le reſpect qui y eſt néceſſairement lié, Monſieur, votre très-humble & très-obéiſſant ſerviteur

CLAIRAUT.

REPONSE DE MR. DE VOLTAIRE A LA LETTRE DE MR. CLAIRAUT.

VOtre Lettre, Monſieur, m'a fait autant de plaiſir que votre travail m'a inſpiré d'eſtime. Votre guerre avec les Géomètres au ſujet de la comète me paraît la guerre des Dieux dans l'Olimpe, tandis que ſur la terre les chiens ſe battent contre les chats. Je ſuis effrayé de l'immenſité de votre travail. Je me ſouviens qu'autrefois, quand je m'appliquais à la théorie de Newton, je ne ſortais jamais de l'étude que malade ; les organes de l'application ne ſont pas ſi bons chez moi que chez vous. Vous êtes né Géomètre ; & je n'étais devenu diſciple de Newton que par hazard. Votre dernier travail doit certainement honorer la France : les anglais ne peuvent pas avoir tout dit, Newton avait fondé ſes loix en partie ſur celles de Kepler, & vous avez ajouté à celles de Newton. C'eſt une chose bien admirable d'être parvenu à reconnaître les inégalités que l'attraction des grosses planètes opère sur la route des comètes : ces astres que nos pères les grecs ne connaissaient qu'en qualité de chevelus, selon l'étimologie du nom, & en qualité de méchants, comme nous connaissons Clodion le chevelu, sont aujourd'hui soumis à votre calcul, aussi-bien que les astres du système solaire ; mais il faudrait être bien difficile pour exiger qu'on prédit le retour d'une comète à la minute, de même qu'on prédit une éclipse de soleil ou de lune : il faut se contenter de l'à-peu-près dans ces distances immenses, & dans ces complications de causes qui peuvent accélérer ou retarder le retour d'une comète. D'ailleurs la quantité de la masse de Jupiter & de Saturne peut-elle être connue avec précision ? Cela me paraît impossible. Il me semble que quand on vous accordera un mois d'échéance pour le retour d'une comète, comme on en accorde pour les Lettres de change qui viennent de loin, on ne vous fera pas une grande grace. Mais quand on avouera que vous faites honneur à la france & à l'esprit humain, on ne vous rendra que justice. Plut-à-Dieu que notre ami Moreau-Maupertui eut cultivé son art comme vous, qu'il eut prédit seulement le retour des comètes, au lieu d'exalter son ame pour prédire l'avenir, de disséquer des cervelles de géans pour connaître la nature de l'ame, d'enduire les gens de poix-résine pour les guérir de toute espèce de maladie, de persécuter Koenig, & de mourir entre deux capucins!

Au reste je suis fâché que vous désigniez par le nom de Newtoniens ceux qui ont reconnu la vérité des découvertes de Newton: c'est comme si on appellait les Géomètres Euclidiens. La vérité n'a point de nom de parti: l'erreur peut admettre des mots de ralliement: on dit jansénistes, molinistes, quiétistes, anabatistes, pour désigner différentes sortes d'aveugles: les sectes ont des noms, & la vérité est vérité. Dieu bénisse l'imprimeur qui a mis les *altercations* de la comète, au lieu d'altérations! Il a eu plus raison qu'il ne croyait: toute vérité produit altercation. Je pourais bien me plaindre aussi à mon tour de ceux qui m'ont appellé mauvais citoyen, quand j'ai mis le premier en france le système de l'anglais Newton au net; mais j'ai essuyé tant de bontés d'ailleurs, que celle-là m'a échappé dans la foule. Je suis enfin parvenu à ne plus mesurer que la *courbe* que mes nouveaux semoirs tracent au bout de leurs rayons : le résultat est un peu de froment. Mais quand je me suis tué à Paris pour composer des poëmes épiques, des tragédies, & des histoires, je n'ai recueilli que de l'ivroye. La culture des champs est plus douce que celles des lettres : je trouve plus de bon sens dans mes laboureurs & & dans mes vignerons, & surtout plus de bonne foi que dans les regrattiers de la littérature, &c.

Je cultive la terre, voilà par où il faut finir. J'ai fait naître un peu d'abondance dans le pays le plus agréable, & le plus pauvre que j'aye jamais vu. C'est une belle expérience de physique de faire croître quatre épics où la nature n'en donnait que deux. Les académies de Cérès & de Pomone valent bien les autres.

Felix qui potuit rerum cognoscere causas,
Fortunatus & ille deos qui novit agrestes !

REPONSE

REPONSE A MR. DE LA NOUE,

Auteur de la tragédie de Mahomet second.

VOtre tragédie, Monſieur, eſt arrivée à Cirey, comme les Koënig, les Bernoulli en partaient. Les grandes vérités nous quittent; mais à leurs place les grands ſentimens & de beaux vers qui valent bien des vérités, nous arrivent. Je crois que vous êtes le premier parmi les modernes qui ayez été à la fois acteur & auteur tragique; car Latuillerie qui donna *Hercule* & *Soliman* ſous ſon nom, n'en était pas l'auteur; & d'ailleurs ces deux pièces ſont comme ſi elles n'avaient point été. Connaiſſez-vous l'épitaphe de ce Latuillerie?

Ci gît un Fiacre nommé Jean;
Qui croyait avoir fait Hercule & Soliman.

Le double mérite d'être (ſi on oſe le dire) peintre & tableau à la fois, n'a été en honneur que chez les anciens Grecs, chez cette nation heureuſe, de qui nous tenons tous les arts, qui ſavait récompenſer & honorer tous les talens, que nous n'eſtimons, ni n'imitons pas aſſez. Votre ouvrage étincelle de vers de génie & de traits d'imagination : c'eſt preſque un nouveau genre. Il ne faut ſans doute, rien de trop hardi dans les vers d'une tragédie ; mais auſſi les français n'ont-ils pas ſouvent été un peu trop timides ? A la bonne heure qu'un courtiſan poli, qu'une jeune princeſſe ne mettent dans leurs diſcours que de la ſimplicité & de la grace ; mais il me ſemble que certains héros étrangers, des aſiatiques, des américains, des turcs peuvent parler ſur un ton plus fier, plus ſublime : *major è longinquo.* J'aime un langage hardi, métaphorique, plein d'images dans la bouche de *Mahomet ſecond*, comme dans *Mahomet le Prophête.* Ces idées ſuperbes ſont faites pour leur caractères : c'eſt ainſi qu'ils s'exprimaient eux-mêmes. On prétend que le conquérant de Conſtantinople, en entrant dans Ste. Sophie qu'il venait de changer en Moſquée, récita deux vers ſublimes du perſan Sadi : *Le palais impérial eſt tombé ; les oiſeaux qui annoncent le carnage ont fait en-*

tendre leurs cris sur les tours de Constantin.

On a beau dire que ces beautés de diction sont des beautés épiques : ceux qui parlent ainsi ne savent pas que Sophocle & Euripide ont imité le style d'Homère. Ces morceaux épiques, entre-mêlés avec art parmi des beautés plus simples, sont comme des éclairs qu'on voit quelquefois enflammer l'horison & se mêler à la lumière douce & égale d'une belle soirée. Toutes les autres nations aiment, ce me semble, ces figures frapantes. Grecs, latins, arabes, italiens, anglais, espagnols, tous nous reprochent une poésie un peu trop prosaïque. Je ne demande pas qu'on outre la nature; je veux qu'on la fortifie & qu'on l'embellisse. Qui aime mieux que moi les pièces de l'illustre *Racine*? qui les sait plus par cœur? Mais serais-je fâché que *Bajazet* par exemple eut quelquefois un peu plus de sublime?

Elle veut, Acomat que je l'épouse. — eh bien.

. . . .

Tout cela finirai par une perfidie.
J'épouserais! & qui, s'il faut que je le die,
Une esclave attachée à ses seuls intérêts. —
Si votre cœur était moins plein de son amour,
Je vous verrais sans doute en rougir la première;

Et pour vous épargner une injuste prière ;
Adieu ; je vais trouver Roxane de ce pas
Et je vous quitte....... Et moi je ne vous quitte pas.
Que parlez vous, Madame & d'époux & d'amant ?
O ciel ! de ce discours quel est le fondement ?
Qui peut vous avoir fait ce récit infidèle ?
Je vois enfin, je vois qu'en ce même moment
Tout ce que je vous dis vous touche faiblement.
Madame finissons & mon trouble & le votre ;
Ne nous affligeons point vainement l'un & l'autre.
Roxane n'est pas loin, &c.

Je vous demande, Mr., si à ce stile, dans lequel tout le rôle de ce turc est écrit, vous reconnaissez autre chose qu'un français qui appelle sa turque Madame, & qui s'exprime avec élégance & avec douceur ? Ne desirez-vous rien de plus mâle, de plus fier, de plus animé dans les expressions de ce jeune ottoman qui se voit entre *Roxane* & l'empire, entre *Atalide* & la mort ? C'est à-peu-près ce que *Pierre Corneille* disait à la première représentation de Bajazet à un vieillard qui me l'a raconté : Cela est tendre, touchant, bien écrit ; mais c'est toujours un français qui parle. Vous sentez bien, Monsieur, que cette petite réflexion ne dérobe rien au respect que tout homme qui aime la langue françaiſe doit au nom de Racine. Ceux qui déſirent un peu plus de coloris à *Raphael* & aux *Pouſſin* ne les admirent pas moins. Peut-être qu'en général cette maigreur, ordinaire à la verſification françaiſe, ce vide de grandes idées, eſt un peu la ſuite de la gène de nos phraſes & de notre rime. Nous avons beſoin de hardieſſe ; & nous ne devrions rimer que pour les oreilles. Il y a vingt ans que j'oſe le dire. Si un vers finit par le mot *terre*, vous êtes ſûr de voir la guerre à la fin de l'autre : cependant prononce-t-on *terre* autrement que *père* & *mère* ? prononce-t-on *ſang* autrement que *camp* ? Pourquoi donc craindre de faire rimer aux yeux ce qui rime aux oreilles ? On doit ſonger, ce me ſemble, que l'oreille n'eſt juge que des ſons & non de la figure des caractères. Il ne faut point multiplier les obſtacles ſans néceſſité ; car alors c'eſt diminuer les beautés. Il faut des loix ſévères & non un vil eſclavage. Les anglais penſent ainſi. Mais de peur d'être trop long je ne vous en dirai pas d'avantage ſur le ſtyle. J'ai d'ailleurs trop de choſes à vous dire ſur le ſujet de votre pièce. Je n'en ſais point qui fut plus difficile à manier ; il n'était conforme ni à l'histoire, ni à la nature.

Un moine nommé *Bandelli* s'est avisé de défigurer l'histoire du grand Mahomet second par plusieurs contes incroyables ; il y a mêlé la fable de la mort d'*Irène*, & vingt écrivains l'ont copié. Cependant il est sûr que jamais *Mahomet* n'eut de maîtresse connue des chrétiens sous ce nom d'*Irène*; que jamais les janissaires ne se révoltèrent contre lui, ni pour sa femme, ni pour aucun autre sujet ; & que ce prince aussi prudent, aussi savant & aussi politique qu'il était intrépide, était incapable de commettre cette action d'un imbécille forcené que nos histoires lui reprochent si ridiculement. Il faut mettre ce conte avec celui des quatorze *Icoglans* auxquels on prétend qu'il fit ouvrir le ventre pour savoir qui d'eux avait mangé ses figues ou ses melons. Les nations subjuguées imputent toujours des choses horribles & absurdes à leurs vainqueurs : c'est la vangeance des sots & des esclaves.

L'histoire de *Charles XII*, m'a mis dans la nécessité de lire quelques ouvrages historiques concernant les turcs. J'ai lu entr'autres depuis peu l'histoire ottomane du prince *Can-*

timir, vaivode de Moldavie écrite à Conſtantinople. Il ne daigne ni lui, ni aucun auteur turc ou arabe, parler ſeulement de la fable d'*Irène* : il ſe contente de repréſenter Mahomet comme le plus grand homme & le plus ſage de ſon tems. Il fait voir que Mahomet, ayant pris d'aſſaut par un mal-entendu la moitié de Conſtantinople, & ayant reçu l'autre à compoſition, obſerva religieuſement le traité & conſerva même la plûpart des égliſes de cette autre partie de la ville, leſquelles ſubſiſtèrent trois générations après lui.

Mais qu'il eut voulu épouſer une chrétienne, qu'il l'eut égorgée &c., voilà ce qui n'a jamais été imaginé de ſon tems. Ce que je dis ici, je le dis en hiſtorien, non en poëte. Je ſuis très-loin de vous condamner. Vous avez ſuivi le préjugé reçu ; & un préjugé ſuffit pour un peintre & pour un poete. Où en feraient Virgile & Homère, ſi on les avait chicannés ſur les faits ? Une fauſſeté qui produit au théâtre une belle ſituation eſt préférable en ce ce cas à toutes les archives de l'univers, &c.

REPONSE

A M. LE DUC DE BOUILLON,

Qui lui avait écrit une lettre en vers, au sujet de l'édition des Oeuvres de Corneille, faite au profit de la nièce de ce grand-homme.

VOus voilà, Monseigneur, comme le marquis de la Fare qui commença à sentir son talent pour la poésie, à-peu-près de votre âge, quand certains talens plus précieux étaient sur le point de baisser un peu, & de l'avertir qu'il y avait encor d'autres plaisirs. Ses premiers vers furent pour l'amour, ses seconds pour l'abbé de Chaulieu. Vos premiers sont pour moi : cela n'est pas juste; mais je vous en dois plus de reconnaissance. Vous me dites que j'ai triomphé de mes ennemis; c'est vous qui faites mon triomphe.

Aux pieds de mes rochers, aux creux de mes vallons,
Pourrais-je regretter les rives de la Seine ?
La fille de Corneille écoute mes leçons ;
Je suis chanté par un Turenne.
J'ai pour moi deux grandes maisons,
Chez Bellone & chez Melpomène :

A l'abri de ces deux beaux noms,
On peut négliger les Frérons,
Ou rire tout haut de leur haine.
C'eſt quelque choſe d'être heureux ;
Mais c'eſt un grand plaiſir de le dire à l'envie,
De l'abattre à nos pieds, & d'en rire à ſes yeux.
Qu'un ſouper eſt délicieux,
Quand on brave, en buvant, les griffes de l'harpie !
Que des frères Berthier les cris injurieux
Font une plaiſante harmonie !
Que c'eſt pour un amant un paſſe-tems bien doux
D'embraſſer la beauté qui ſubjugue ſon ame !
Et d'affubler encor du ſel de l'épigramme
Un rival fâcheux & jaloux !
Cela n'eſt pas chrétien ; j'en conviens avec vous ;
Mais les gens le ſont-ils ? Le monde eſt une guerre :
On a des ennemis en tout genre, en tout lieux ;
Tout mortel combat ſur la terre :
Le Diable avec Michel combattit dans les cieux.
On cabale à la cour, à l'égliſe, à l'armée :
Au parnaſſe on ſe bat pour un peu de fumée,
Pour un nom, pour du vent ; & je conclus au bout
Qu'il faut jouir en paix, & ſe moquer de tout.

A MONSIEUR LE DUC DE LA VALIERE,

Grand Fauconnier de France, ſur Urceus Codrus.

VOtre procédé, Mgr., le duc, eſt de l'ancienne chevalerie : vous vous expoſez pour ſauver un homme qui s'eſt mis en péril à votre ſuite ; mais la petite erreur, dans laquelle vous m'avez induit, ſert à déployer votre profonde érudition. Peu de grands Fauconniers auraient déterré les *Sermones feſtivi*, imprimés en 1502. Raillerie à part, vous faites une action digne de votre belle ame, en vous mettant pour moi à la brêche.

Vous me diſiez dans votre première lettre qu'*Urceus Codrus* était un grand prédicateur : vous m'apprenez dans votre ſeconde que c'était un grand libertin, mais cependant qu'il n'était pas cordelier. Vous demandez pardon à St. François d'Aſſiſe & à tout l'ordre Séraphique de la mépriſe où vous m'avez fait tomber, je prends ſur moi la pénitence ;

mais il reste toujours pour véritable que les mystères, représentés à l'hôtel de Bourgogne, étaient beaucoup plus décens que la plupart des sermons du seiziéme siècle. C'est sur ce point que roule la question.

Mettons qui nous voudrons à la place d'*Urceus Codrus*, & nous aurons raison. Il n'y a pas un mot dans les mystères qui allarme la pudeur & la piété. Quarante associés, qui font & qui jouent des pièces saintes en français, ne peuvent s'accorder à deshonorer leurs pièces par des indécences qui révolteraient le public, & qui feraient fermer le théâtre. Mais un prédicateur ignorant, qui travaille seul, qui n'a nul usage des bienséances, peut mêler dans son sermon quelques sottises, surtout quand il les prononce en latin.

Tels étaient, par exemple, les sermons du cordelier *Maillard*, que vous avez sans doute dans votre riche & immense bibliothèque. Vous verrez dans son sermon du jeudi de la seconde semaine du carême, qu'il apostrophe ainsi les femmes des avocats qui portent des habits garnis d'or : *Vous dites que vous êtes vêtues suivant votre état : à tous les diables votre état & vous-mêmes, Mesdemoiselles. Vous me direz peut-être : nos maris ne nous donnent point de si belles robes ; nous les gagnons de la peine de notre corps : à trente mille diables la peine de votre corps, Mesdemoiselles.*

Je ne vous répète que ce trait de frère Maillard, pour ménager votre pudeur ; mais si vous voulez vous donner le soin d'en chercher de plus forts dans le même auteur, vous en trouverez de dignes d'Urceus Codrus. Frères *André* & *Menot* étaient fort fameux pour les turpitudes : la chaire, à la vérité, ne fut pas toujours souillée par des obsénités ; mais longtems les sermons ne valurent pas mieux que les mystères de l'hôtel de Bourgogne.

Il faut avouer que les prétendus réformés de France furent les premiers qui mirent quelque raison dans leurs discours, parce qu'on est obligé de raisonner quand on veut changer les idées des hommes. Cette raison était encor bien loin de l'éloquence. La chaire, le barreau, le théâtre, la philosophie, la littérature, la théologie, tout chez nous fut, à quelques exceptions près, fort au-dessous des pièces qu'on joue aujourd'hui à la foire.

Le bon goût en tout genre n'établit son empire que dans le siècle de *Louis XIV* : c'est-là ce qui me détermina il y a longtems à donner une légère esquisse de ce tems glorieux ; & vous avez remarqué que dans cette histoire, c'est le siècle qui est mon héros, encor plus que *Louis XIV* lui-même, quelque respect & quelque reconnaissance que nous devions à sa mémoire.

Il est vrai qu'en général nos voisins ne valaient guères mieux que nous. Comment s'est-il pu faire que l'on prêchât toujours, & que l'on prêchât si mal ! Comment les Italiens, qui s'étaient tirés depuis si longtems de la barbarie en tant de genres, n'étaient-ils, pour la plupart, dans la chaire que des arlequins en surplis, tandis que la *Jérusalem du Tasse* égalait l'Illiade, que l'*Orlando furioso* surpassait l'Odyssée, que le *Pastor fido* n'avait point de modèle dans l'antiquité, & que *Raphaël* & les *Paul Veronèse* exécutaient réellement ce qu'on imagine des Zeuxis & des Apelles ?

Il n'est pas douteux, Monseigneur le duc, que vous n'ayez lu le concile de Trente :

il n'y a point de duc & pair, à ce que je pense, qui n'en lise quelques sessions tous les matins. Vous avez remarqué le sermon de l'ouverture du concile par l'évêque de Bitonto.

Il prouve premiérement que le concile est nécessaire; parce que plusieurs conciles ont déposé des Rois & des Empereurs : secondement parce que dans l'Enéïde Jupiter assembla le concile des dieux : troisiémement parce qu'à la création de l'homme & à l'avanture de la tour de Babel, Dieu s'y prit en forme de concile. Il assure ensuite que tous les prélats doivent se rendre à Trente comme dans le cheval de Troye : enfin que la porte du paradis & du concile est la même; que l'eau-vive en découle, & que les pères doivent en arroser leurs cœurs, comme des terres séches : faute dequoi le St. Esprit leur ouvrira la bouche comme à Balaam & à Caïphe.

Voilà ce qui fut prêché devant les Etats-Généraux de la chrétienté. Quel préjugé divin en faveur d'un concile ? Le sermon de St. Antoine de Padoue aux poissons est encor plus fameux en Italie, que celui de Mr. de

Bitonto. On pourait donc excuser notre frere André & notre frère Garasse & tous nos gilles de la chaire du seiziéme & dix-septiéme siècle, s'ils n'ont pas mieux valu que nos maîtres les Italiens.

Mais quelle était la source de cette grossiéreté absurde si universellement répandue en Italie du tems du Tasse, en France du tems de Montagne, de Charron & du chancelier de l'Hôpital, en Angleterre dans le siècle de Bacon ? Comment ces hommes de génie ne réformaient-ils pas leur siècle ? Prenez-vous en aux collèges qui élevaient la jeunesse, & à l'esprit monacal & théologal qui mettait la dernière main à notre barbarie que les collèges avaient ébauchée. Un génie tel que le Tasse, lisait Virgile & produisait *la Jérusalem*. Un Machiavel lisait Térence & faisait *la Mandragore*; mais quel moine, quel docteur lisait Cicéron & Démosthène ? Un malheureux écolier, devenu imbécile pour avoir été forcé pendant quatre ans d'apprendre par cœur Jean Despautère, & ensuite devenu fou pour avoir soutenu une thèse sur *l'université de la part de la chose & de la pensée*, & sur les cathégories, recevait en public ſon bonnet & ſes lettres de démence ; & s'en allait prêcher devant un auditoire, dont les trois quarts étaient plus imbéciles que lui, & plus mal élevés.

Le peuple écoutait ces farces théologiques le cou tendu, les yeux fixes, la bouche ouverte, comme les enfans écoutent des contes de ſorciers ; & s'en retournait tout contrit. Le même eſprit, qui le conduiſait aux facéties de *la Mère-ſotte*, le conduiſait à ces ſermons ; & on y était d'autant plus aſſidu qu'il n'en coutait rien. Car mettez un impôt ſur les meſſes, comme on le propoſa dans la minorité de *Louis XIV*, perſonne n'entendra la meſſe.

Ce ne fut guères que du tems de Coeffeteau & de Balzac que quelques prédicateurs oſèrent parler raiſonnablement, mais ennuieuſement ; & enfin Bourdaloue fut le premier en Europe qui eut de l'éloquence en chaire. Je rapporterai encore ici le témoignage de Burnet, Eveque de Salisbury, qui dit dans ſes mémoires, qu'en voyageant en France, il fut étonné de ces ſermons, & que Bourdaloue réforma les prédicateurs d'Angleterre, comme ceux de France.

Bour-

Bourdaloue fut presque le Corneille de la chaire comme Massillon en a été depuis le Racine: non que j'égale un art à moitié profane à un ministère presque saint, ni que j'égale non plus la difficulté médiocre de faire un bon sermon à la difficulté prodigieuse & inexprimable de faire une bonne tragédie; mais je dis que Bourdaloue voulut raisonner comme Corneille, & que Massillon s'étudia à être aussi élégant en prose que Racine l'était en vers.

Il est vrai qu'on reprocha souvent à Bourdaloue, comme à Corneille, d'être un peu trop avocat, de vouloir trop prouver au lieu de toucher, & de donner quelquefois de mauvaises preuves. Massillon au contraire crut qu'il vallait mieux peindre & émouvoir: il imita Racine, autant qu'on peut l'imiter en prose; en prèchant cependant que les auteurs dramatiques sont damnés: car il faut bien que chaque apoticaire vante son onguent & damne celui de son voisin. Son stile est pur, ses peintures sont attendrissantes.

Le malheur des sermons c'est que ce sont des déclamations dans lesquelles on dit trop fouvent le pour & le contre. Le même homme qui dimanche dernier affurait qu'il n'y a point de félicité dans la grandeur, que les couronnes font d'épines, que les Cours ne renferment que d'illuftres malheureux, que la joye n'eft répandue que fur le front du pauvre; prêche le dimanche fuivant que le peuple eft condamné à l'affliction & aux larmes, & que les Grands de la terre font plongés dans des délices dangereufes.

Il difent dans l'avent que Dieu eft fans ceffe occupé du foin de fournir à tous nos befoins; & en carême que la terre eft maudite. Ces lieux communs les mènent jufqu'au bout de l'année par des phrafes fleuries & ennuieufes.

Les prédicateurs en Angleterre ont pris un autre tour qui ne nous conviendrait guères. Le livre de la métaphyfique la plus profonde eft le recueil des fermons de Clarke. On dirait qu'il n'a prêché que pour les philofophes. Encor ces philofophes auraient pu lui demander à chaque période un long éclairciffement; & *le Français à Londres à qui on ne prouve rien*, aurait bientôt laiffé là le prédicateur. Son recueil fait un excellent livre, que très-peu de gens ſont capables d'entendre. Quelle différence entre les tems & entre les nations ! & qu'il y a loin de frère Garaſſe & de frère André, aux Clarke & aux Maſſillon !

Dans l'étude que j'ai faite de l'hiſtoire, j'en ai toujours tiré ce fruit, que le tems où nous vivons eſt de tous les tems le plus éclairé, malgré nos très-mauvais livres, & malgré la foule de tant d'inſipides journaux ; comme il eſt le plus heureux, malgré nos calamités paſſagères. Car quel eſt l'homme de lettres qui ne ſache que le bon goût n'a été le partage de la France, qu'à commencer au tems de *Cinna* & *des Provinciales* ? Et quel eſt l'homme un peu verſé dans notre hiſtoire qui puiſſe aſſigner un tems plus heureux depuis *Clovis*, que le tems qui s'eſt écoulé depuis que *Louis XIV* commença à régner par lui-même, juſqu'au moment où j'ai l'honneur de vous parler ? Je défie l'homme de la plus mauvaiſe humeur de me dire quel ſiècle il voudrait préférer au nôtre.

Il faut être juſte : il faut convenir par exemple qu'un géomètre de vingt-quatre ans en ſait beaucoup plus que Deſcartes ; qu'un vicaire de paroiſſe prêche plus raiſonnablement que le grand aumonier de *Louis XII.* La nation eſt plus inſtruite, le ſtile en général, eſt meilleur; par conſéquent les eſprits ſont mieux faits aujourd'hui qu'il ne l'étaient autrefois.

Vous me direz, que nous ſommes à préſent dans la décadence du ſiècle, & qu'il y a beaucoup moins de génie & de talens que dans les beaux jours de *Louis XIV.* Oui, le génie baiſſe & baiſſera néceſſairement, mais les lumières ſont multipliées, mille peintres du tems de Salvator-Roſa ne valaient pas Raphaël & Michel Ange; mais ces mille peintres médiocres, que Raphaël & Michel Ange avaient formés, compoſaient une école infiniment ſupérieure à celle que ces deux grands hommes trouvèrent établie de leurs tems. Nous n'avons à préſent, ſur la fin de notre beau ſiècle, ni de Maſſillon, ni de Bourdaloue, ni de Boſſuet, ni de Fenelon; mais le plus ennuieux de nos prédicateurs d'aujourd'hui eſt un Démoſthène en comparaiſon de tous ceux qui ont prêché depuis ſaint Remi juſqu'au frère Garaſſe.

Il y a plus de distance de la moindre de nos tragédies aux pièces de Jodelle, que de l'*Athalie* de Racine aux *Maccabées* de la Motte, & au *Moyse* de l'abbé Nadal. En un mot, dans tous les arts de l'esprit, nos artistes valent bien moins qu'au commencement du grand siècle & dans ses beaux jours ; mais la nation vaut mieux. Nous sommes inondés, à la vérité, de pitoyables brochures ; & les miennes se mêlent à la foule : c'est une multitude prodigieuse de moucherons & de chenilles, qui prouvent l'abondance des fruits & des fleurs : vous ne voyez pas de ces insectes dans une terre stérile ; & remarquez que dans cette foule immense de ces petits écrits, tous effacés les uns par les autres, & tous précipités au bout de quelques jours dans un oubli éternel, il y a quelquefois plus de goût & de finesse que vous n'en trouveriez dans tous les livres écrits avant les *Lettres Provinciales*.

Voilà l'état de nos richesses de l'esprit, comparées à une indigence de plus de douze cent années.

Si vous examinez à présent nos mœurs,

nos loix, notre gouvernement, notre société, vous trouverez que mon compte est juste. Je date depuis le moment où *Louis XIV* prit en main les rênes; & je demande au plus acharné frondeur, au plus triste panégiriste des tems passés, s'il osera comparer les tems où nous vivons à celui où l'archévèque de Paris portait au parlement un poignard dans sa poche? Aimera-t-il mieux le siècle précédent, où l'on tuait le premier ministre à coups de pistolet, dans la cour du Louvre & où l'on condamnait sa femme à être brûlée comme sorcière? Dix ou douze années du grand *Henri IV* paraissent heureuses, après quarante ans d'abominations & d'horreurs qui font dresser les cheveux; mais pendant ce peu d'années que le meilleur des princes employait à guérir nos blessures, elles saignaient encore de tous côtés: le poison de la *Ligue* infectait encore les esprits; les familles étaient divisées; les mœurs étaient dures; le fanatisme régnait par tout, hormis à la cour. Le commerce commençait à naître; mais on n'en goûtait pas encor les avantages; la société était sans agrémens, les villes sans police; toutes les consolations de la vie manquaient en général aux hommes. Et pour comble de malheur *Henri IV* était haï. Ce grand homme disait au duc de Sulli : *Ils ne me connaissent pas, ils me regretteront.*

Remontez à travers cent mille assassinats commis au nom de Dieu, sur les débris de nos villes en cendres, jusqu'au tems de *François I*, vous voyez l'Italie teinte de notre sang, un Roi prisonnier dans Madrid, les ennemis au milieu de nos provinces.

Le nom de *Père du peuple* est resté à *Louis XII* ; mais ce père eut des enfans bien malheureux, & le fut lui-même : chassé de l'Italie, dupé par le pape, vaincu par *Henri VIII*, obligé de donner de l'argent à son vainqueur pour épouser sa sœur, il fut bon Roi d'un peuple grossier, pauvre & privé d'arts & de manufactures. Sa capitale n'était qu'un amas de maisons de bois, de paille & de plâtre, presque toutes couvertes de chaûme. Il vaut mieux, sans doute, vivre sous un bon Roi d'un peuple éclairé & opulent, quoique malin & raisonneur.

Plus vous vous enfoncez dans les siècles précédens, plus vous trouverez tout sauvage ; & c'eſt ce qui rend notre hiſtoire de France ſi dégoûtante qu'on a été obligé d'en faire des abrégés chronologiques à colonnes, où tout le néceſſaire ſe trouve, & où l'inutile ſeul eſt omis, pour ſauver l'ennui d'une lecture inſupportable à ceux de nos compatriotes qui veulent ſavoir en quelle année la Sorbonne fut fondée, & aux curieux qui doutent ſi la ſtatue équeſtre, qui eſt dans la cathédrale gothique de Paris, eſt de *Philippe de Valois*, ou de *Philippe le Bel.*

Ne diſſimulons point ; nous n'exiſtons que depuis environ ſix-vingt ans : loix, police, diſcipline militaire, commerce, marine, beaux-arts, magnificence, eſprit, goût, tout commence à *Louis XIV*, & pluſieurs avantages ſe perfectionnent aujourd'hui. C'eſt là ce que j'ai voulu inſinuer, en diſant que tout était barbare chez nous auparavant, & que la chaire l'était comme tout le reſte. *Urceus Codrus* ne valait pas trop la peine que je vous parlaſſe longtems de lui ; mais il m'a fourni des réflexions qui pouront être utiles ſi vous avez la bonté de les redreſſer.

LETTRE
DE MR. L......

Avocat au Parlement de Paris, à MR. DE VOLTAIRE.

A Paris le 19 *Février* 1767.

JE me conforme volontiers, Monsieur, à une coutume très-juste que je vois assez généralement établie; c'est que les jeunes auteurs vous adressent un exemplaire de leurs ouvrages, & qu'ils brigent pour leurs productions une place dans votre bibliothèque. Il est bien naturel que les premiers fruits d'un arbre soient cueillis par la main qui a le plus contribué à en affermir les racines. Les progrès de la raison & du goût parmi nous, vous sont dus pour la plus grande partie. Ceux qui en profitent ne sauraient se dispenser de vous en marquer leur reconnaissance. La protection donnée par nos chanceliers à la littérature, leur vaut un livre de chaque espèce. Le même hommage vous est dû au même titre.

Le Dieu du goût, ce Dieu sensible & délicat,
Dont vous avez si bien fait connaître l'Empire,
Vous a remis les sceaux de cet état.
Malgré les cris de la satire
Il vous en a nommé le premier magistrat.
Ce poste là pour la finance,
Ne vaut pas tant comme je crois,
Que la garde des sceaux de France.
Et ce n'est pas la seule différence
Qui distingue ces deux emplois.
Chacun peut se croire capable
De bien garder ces derniers sceaux.
Aussi voit-on à ce poste honorable
Prétendre à chaque instant des concurrens nouveaux.
Mais ici le cas est tout autre,
Vous n'aurez jamais de rivaux
Assez hardis pour demander le vôtre.

Il est bien vrai qu'il vous expose à recevoir de tems en tems des envois fâcheux, & à des lectures ennuieuses. Mais vous usez sans doute du privilège des autres chanceliers, vous vous gardez bien de lire tous les placets qu'on vous adresse; & quand vous vous y croiriez obligé en conscience, ce ne serait après tout qu'un des inconvénients de votre place. Il n'y en a point, comme vous savez, qui n'ait des amertumes.

Ce n'eſt que dans l'égliſe qu'on trouve des bénéfices ſans charge.

Si vous dérogez pour moi aux prérogatives de la vôtre, ſi vous daignez jetter un coup d'œil ſur la *Théorie des loix civiles*, vous y trouverez peut-être bien des choſes nouvelles; mais il y en aura beaucoup auſſi que vous avez ſurement penſées avant moi. Je vous ai aſſez lu, je vous ai aſſez bien compris, pour être certain que vous ne me blâmerez pas d'avoir combattu les opinions de Mr. de Monteſquieu. J'ai rendu juſtice à ſon grand génie en attaquant ſes erreurs. C'eſt un eſprit brillant qui eſt ſujet à de fréquentes éclipſes. Je n'en dis pas à beaucoup près tout ce que j'en aurais pu dire. Il me reſte des matériaux pour plus d'un volume. J'aurai occaſion de les placer dans la ſuite de mon ouvrage, ſi je remplis jamais le grand projet que j'ai formé, celui d'attaquer dans ſa ſource la multiplicité des loix, des tribunaux, des coutumes, &c. De prouver que la ſimplicité, l'uniformité, ſont, ou doivent être les vrais reſſorts de la politique, & que la complication ne fait que des monſtres en tout genre. Vous ſentez qu'en dévelopant de pareils principes, il faudra souvent réfuter Mr. de Montesquieu, & c'est ce qui parait aussi facile que nécessaire.

Je pense comme vous, Monsieur, que la littérature, les arts & tout ce qui y a raport sont des inventions très-utiles pour les riches, des ressources très-bonnes pour les hommes oisifs qui ont du superflu. Ce sont des hochets qui les amusent dans l'état d'enfance perpétuelle où les retient l'opulence. Leur vivacité s'exerce sur ces bagatelles qui les occupent. L'attention qu'ils y donnent les empêche de faire du dévelopement de leurs forces un usage plus dangereux.

Mais je crois fermément qu'il n'en est pas ainsi de l'autre portion infiniment plus nombreuse de l'humanité que l'on appelle peuple. Ces hochets spirituels deviennent pour lui des amuletes empoisonnés qui le gâtent & le corrompent sans retour. L'état actuel de la societé le condamne à n'avoir que des bras. Tout est perdu dès qu'on le met dans le cas de s'appercevoir qu'il a aussi un esprit.

Si l'on pouvait n'illuminer qu'une de ces deux divisions du genre humain ; s'il était possible d'intercepter tous les rayons qui vont de la petite à la grande, & d'entretenir une nuit éternelle sur celle des deux seulement qui n'est utile & soumise qu'autant qu'elle y reste, j'applaudirais volontiers aux travaux des philosophes & de leurs partisans. Mais songez y, Monsieur, le soleil ne saurait se lever pour la première que le crépuscule ne s'étende jusqu'à la seconde, quelque éloignée qu'elle en soit. Celle-ci dès qu'elle est éclairée tend nécessairement à apprécier l'autre, ou à se confondre avec elle. Il s'ensuit de-là que le jour leur est funeste à toutes deux, & qu'une obscurité où elles vivent tranquilles, chacune dans leurs limites respectives, est infiniment préférable à des lumières qui ne leur apprennent qu'à se dédaigner, ou à se détester réciproquement.

Voilà, Monsieur ma petite profession de foi littéraire, à laquelle je serai toujours attaché jusqu'au martyre exclusivement, &c.

REPONSE

A M. L'AVOCAT L......

Sur MONTESQUIEU & GROTIUS.

. . . .

JE crois comme vous, Monſieur, qu'il y a plus d'une inadvertence dans l'eſprit des loix. Très-peu de lecteurs ſont attentifs. On ne s'eſt point apperçu que preſque toutes les citations de Monteſquieu ſont fauſſes. Il cite le prétendu teſtament du cardinal Richelieu, & il lui fait dire au chapitre VI, dans le livre III, *que s'il ſe trouve dans le peuple quelque malheureux honnête-homme, il ne faut point s'en ſervir.* Ce teſtament qui d'ailleurs ne mérite pas la peine d'être cité, dit préciſément le contraire ; & ce n'eſt point au ſixiéme, mais au quatriéme chapitre.

Il fait dire à Plutarque que les femmes n'ont aucune part au véritable amour. Il ne ſonge pas que c'eſt un des interlocuteurs qui parle ainſi, & que ce grec, trop grec eſt vivement réprimandé par le philoſophe Daphneus, pour lequel Plutarque décide. Ce dialogue eſt tout conſacré à l'honneur des femmes. Mais Monteſquieu liſait ſuperficiellement, & jugeait trop vîte.

C'eſt la même négligence qui lui a fait dire *que le Grand Seigneur n'était point obligé par la loi de tenir ſa parole. Que tout le bas commerce était infâme chez les grecs. Qu'il déplore l'aveuglement de* François I, *qui rebuta Chriſtophe Colomb qui lui propoſait les Indes*, *&c.* Vous remarquerez que Colomb avait découvert l'Amérique avant que François Ier fut né.

La vivacité de ſon eſprit lui fait dire au même endroit, livre IV, chapitre XIX, *que le conſeil d'Eſpagne eut tort de défendre l'emploi de l'or en dorure. Un decret pareil*, dit-il, *ſerait ſemblable à celui que feraient les Etats de Hollande, s'ils défendaient la canelle.* Il ne fait pas réflexion que les Eſpagnols n'avaient point de manufactures, qu'ils auraient été obligés d'acheter les étoffes & les galons des étrangers ; & que les Hollandais ne pouvaient acheter ailleurs que chez eux mêmes la canelle qui croît dans leurs domaines.

Preſque tous les exemples qu'il apporte ſont tirés des peuples inconnus du fond de l'Aſie, ſur la foi de quelques voyageurs mal inſtruits ou menteurs.

Il affirme *qu'il n'y a de fleuve navigable en Perſe que le Cirus.* Il oublie le Tigre, l'Euphrate, l'Oxus, l'Araxe & le Phaze, le Cirus, l'Indus même qui a coulé longtems ſous les loix des rois de Perſe. Chardin nous aſſure dans ſon troiſième tome, que le fleuve Zenderoud qui traverſe Iſpahan eſt auſſi large que la Seine à Paris, & qu'il ſubmerge ſouvent des maiſons ſur les quais de la ville.

Malheureuſement le ſyſtème de l'eſprit des loix a pour fondement une antithèſe qui ſe trouve fauſſe. Il dit *que les monarchies ſont établies ſur l'honneur & les républiques ſur la vertu.* Et pour ſoutenir ce prétendu bon mot; *la nature de l'honneur* (dit-il, livre III, chapitre VII) *eſt de demander des préférences, des diſtinctions. L'honneur eſt donc, par la choſe même, placé dans le gouvernement monarchique.* Il devrait ſonger que *par la choſe même* on briguait dans la république Romaine la prêture, le conſulat, le triomphe, des couronnes & des ſtatues.

J'ai

J'ai pris la liberté de rélever plusieurs méprises pareilles dans ce livre d'ailleurs très-estimable. Je ne serai pas étonné que cet ouvrage célèbre vous paraisse plus rempli d'épigrammes, que de raisonnemens solides ; & cependant il y a tant d'esprit & de génie qu'on le préférera toujours à Grotius & à Puffendorf; leur malheur est d'être ennuyeux ; ils sont plus pesants que graves.

Grotius, contre lequel vous vous élevez avec tant de justice, a extorqué de son tems une réputation qu'il était bien loin de mériter. Son *Traité de la Religion chrétienne* n'est pas estimé des vrais savans. C'est-là qu'il dit au chapitre XXII de son premier Livre : *que l'embrazement de l'univers est annoncé dans Histape & dans les Sybilles.* Il ajoute à ces témoignages ceux d'Ovide & de Lucain. Il cite Lycophron pour prouver l'histoire de Jonas.

Si vous voulez juger du caractère de l'esprit de Grotius, lisez sa harangue à la Reine *Anne d'Autriche* sur sa grossesse. Il la compare à *la Juive Anne* qui eut des enfans étant vieille. Il dit que les dauphins en faisant des gambades sur l'eau annoncent la fin des tempêtes ; & que par la même raison le petit dauphin, qui remue dans son ventre, annonce la fin des troubles du royaume.

Je vous citerais cent exemples de cette éloquence de collège dans ce Grotius qu'on a tant admiré. Il faut du tems pour apprécier les livres & pour fixer les réputations.

Ne craignez pas que le bas peuple lise jamais Grotius & Puffendorf, il n'aime pas à s'ennuyer. Il lirait plutôt (s'il le pouvait) quelques chapitres de l'Esprit des loix qui sont à portée de tous les esprits, parce qu'ils sont très-naturels & très-agréables. Mais distinguons dans ce que vous appellez peuple, les professions qui exigent une éducation honnête & celles qui ne demandent que le travail des bras & une fatigue de tous les jours. Cette dernière classe est la plus nombreuse. Celle-là pour tout délassement & pour tout plaisir, n'ira jamais qu'à la grand'messe & au cabaret, parce qu'on y chante & qu'elle y chante elle-même. Mais pour les artisans plus relevés, qui sont forcés par leurs professions mêmes, à réfléchir beaucoup à perfectionner leur goût, à étendre leurs lumières ; ceux-là commencent à lire dans toute l'Europe. Vous ne connaissez guères à Paris les Suisses, que par ceux qui sont aux portes des grands seigneurs, ou par ceux à qui Molière fait parler un patois inintelligible dans quelques farces; mais les Parisiens seraient étonnés s'ils voyaient dans plusieurs villes de Suisse & surtout dans Genève, presque tous ceux qui sont employés aux manufactures passer à lire le tems qui ne peut être consacré au travail. Non, Monsieur, tout n'est point perdu, *quand on met le peuple en état de s'appercevoir qu'il a un esprit*. Tout est perdu au contraire quand on le traite comme une troupe de taureaux. Car tôt ou tard ils vous frapent de leurs cornes. Croyez-vous que le peuple ait lu & raisonné dans les guerres civiles de la rose rouge & de la rose blanche en Angleterre, dans celle qui fit périr Charles I sur un échaffaut, dans les horreurs des Armagnacs & des Bourguignons, dans celles mêmes de la ligue? Le peuple ignorant & féroce était mené par quelques docteurs fanatiques qui criaient tuez tout au nom de Dieu. Je défierais aujourd'hui Cromwel de bouleverser l'Angleterre par son galimatias d'énergumène, Jean de Leide de se faire roi de

Munſter & le cardinal de Rets de faire des barricades à Paris. Enfin, Monſieur, ce n'eſt pas à vous d'empêcher les hommes de lire. Vous y perdriez trop, &c.

REPONSE

A LA LETTRE DE M. L. C.

du 23 *Décembre* 1768.

SI vous voulez, Monſieur, vous appliquer ſérieuſement à l'étude de la nature, permettez-moi de vous dire qu'il faut commencer par ne faire aucun ſyſtême. Il faut ſe conduire comme les Boyle, les Galilée, les Newton, examiner, peſer, calculer & meſurer, mais jamais déviner.

Newton n'a jamais fait de ſyſtême; il a vu, il a fait voir; mais il n'a point mis ſes imaginations à la place de la vérité. Ce que nos yeux & les mathématiques nous démontrent, il faut le tenir pour vrai; dans tout le reſte il n'y a qu'à dire, *j'ignore*.

Il eſt inconteſtable que les marées ſuivent exactement le cours du ſoleil & de la lune:

il eſt mathématiquement démontré que ces deux aſtres peſent ſur notre globe, & en quelle proportion ils pèſent. De-là Newton a non-ſeulement calculé l'action du ſoleil & de la lune ſur les marées de l'océan; mais encor l'action de la terre & du ſoleil ſur les eaux de la lune, (ſuppoſé qu'il y ait des eaux). Il eſt étrange, à la vérité, qu'un homme ait pu faire de telles découvertes; mais cet homme s'eſt ſervi du flambeau des mathématiques, le ſeul flambeau qui éclaire.

Gardez-vous donc bien, Monſieur, de vous laiſſer ſéduire par l'imagination: il faut la renvoyer à la poëſie & la bannir de la phyſique. Imaginer un feu central pour expliquer le flux de la mer, c'eſt comme ſi on réſolvait un problème par un madrigal.

Qu'il y ait du feu dans tous les corps, c'eſt une vérité dont il n'eſt pas permis de douter: il y en a dans la glace même; & l'expérience le démontre. Mais qu'il y ait une fournaiſe préciſément dans le centre de la terre, c'eſt une choſe que perſonne ne peut ſavoir, qui n'eſt nullement probable

& que par conféquent on ne peut admettre en phyfique.

Quand même ce feu exifterait, il ne rendrait raifon ni des grandes marées des équinoxes & des folftices, ni de celles des pleines lunes, ni pourquoi les mers qui ne communiquent point à l'océan n'ont aucune marée, ni pourquoi les marées retardent avec la lune, &c. Donc il n'y aurait pas la moindre raifon d'admettre ce prétendu foyer pour caufe du gonflement des eaux.

Vous demandez, Monfieur, ce que deviennent les eaux des fleuves portées à la mer. Ignorez-vous qu'on a calculé combien l'action du foleil, à un degré de chaleur donné, en un tems donné, enlève d'eau, pour la réfoudre enfuite en pluye par le fecours des vents.

Vous dites, Mr., que vous trouvez très-mal imaginé ce que plufieurs auteurs avancent que les neiges, & les pluyes fuffifent à la formation des rivières. Comptez que cela n'eft ni bien, ni mal imaginé; mais que c'eft une vérité reconnue par le calcul. Vous pouvez confulter fur cela Mariotte & les Tranfactions d'Angleterre.

En un mot, Mr., s'il m'eſt permis de répondre à l'honneur de votre lettre par des conſeils, liſez-les bons auteurs qui n'ont que l'expérience & le calcul pour guides ; & ne regardez tout le reſte que comme des romans indignes d'occuper un homme qui veut s'inſtruire. Je ſuis &c.

(*Le* 31 *Décembre* 1768.)

AU MÊME

SUR LES QUALITÉS OCCULTES.

OUi, Monſieur, je l'ai dit, je le redis, & je le redirai, malgré la certitude d'ennuier, que la doctrine des qualités occultes eſt ce que l'antiquité a produit de plus ſage & de plus vrai. La formation des éléments, l'émiſſion de la lumière, animaux, végétaux, mineraux, notre naiſſance, notre vie, notre mort, la veille, le ſommeil, les ſenſations, la penſée, tout eſt qualité occulte.

Deſcartes ſe crut fort au deſſus d'Ariſtote, lorſqu'il répéta en français ce que ce ſage avait dit en grec. *Il faut commencer par douter*. Il ne devait pas, après avoir douté, créer un monde avec des dez, faire de ces dez une matiere globuleuſe, une rameuſe & une ſubtile; compoſer des aſtres avec de tels ingrédiens, & imaginer dans la nature une mécanique contraire à toutes les loix du mouvement.

Cet extravagant roman réuſſit quelque tems, parce que les romans étaient alors à la mode. Cirus & Clélie valaient beaucoup mieux, car il n'induiſaient perſonne en erreur. Apprenez-moi l'hiſtoire du monde, ſi vous la ſavez, mais gardez-vous de l'inventer.

Voyez, tâtez, meſurez, peſez, nombrez, aſſemblez, ſéparez, & ſoyez ſûr que vous ne ferez jamais rien de plus.

Newton a calculé la gravitation, mais il n'en a pas découvert la cauſe. Pourquoi cette cauſe eſt-elle occulte? C'eſt qu'elle eſt premier principe.

Nous ſavons les loix du mouvement; mais la cauſe du mouvement étant premier principe, ſera éternellement cachée. Vous êtes en vie, mais comment? Vous n'en ſaurez jamais rien. Vous avez des ſenſations, des idées, mais devinerez-vous ce qui vous les donne ? Cela n'eſt-il pas la choſe du monde la plus occulte ?

On a donné des noms a un certain nombre de facultés qui ſe développent en nous, à meſure que nos organes prennent un peu de force au ſortir des téguments où nous avons été renfermés neuf mois, (ſans qu'on ſache même ce que c'eſt que cette force.) Si nous nous ſouvenons de quelque choſe, on dit, c'eſt de la mémoire ; ſi nous mettons quelques idées en ordre, c'eſt du jugement ; ſi nous formons un tableau ſuivi de quelques autres idées éparſes, dont le ſouvenir s'eſt préſenté à nous, cela s'appelle de l'imagination. Et le réſultat ou le principe de ces qualités eſt appellé *ame*, choſe mille fois plus occulte encore.

Or, s'il vous plaît, puiſqu'il eſt très-vrai qu'il n'eſt point dans vous un être à part qui s'appelle ſenſibilité, un autre qui ſoit mémoire, un troiſième qui s'appelle jugement, un quatrième qui s'appelle imagination, concevrez-vous aiſément que vous en ayez un cinquiéme, compoſé des quatre autres qui n'exiſtent point ?

Qu'entendait-on autrefois quand on prononçait en grec le mot de *Pſiché*, ou celui de *Nous* ? Entendait-on une propriété de l'homme ? ou un être particulier caché dans l'homme ? N'était-ce pas l'expression occulte d'une chose très-occulte ?

Toutes les ontologies, toutes les psicologies ne sont-elles pas des rèves ? On s'ignore dans le ventre de sa mère ; c'est-là pourtant que les idées devraient être les plus pures, car on est moins distrait. On s'ignore en naissant, en croissant, en vivant, en mourant.

Le premier raisonneur qui s'écarta de cette ancienne philosophie des qualités occultes, corrompit l'esprit du genre humain. Il nous plongea dans un labyrinte dont il nous est aujourd'hui impossible de nous tirer.

Combien plus sage avait été le premier ignorant qui avait dit à l'Etre auteur de tout,
„ Tu m'as fait sans que j'en eusse connais-
„ sance, & tu me conserves sans que je
„ puisse deviner comment je subsiste. J'ai
„ accompli une des loix les plus abstruses
„ de la physique en suçant le teton de ma
„ nourrice : & j'en accomplis une beaucoup
„ plus ignorée en mangeant, & en digérant
„ les alimens dont tu me nourris. Je sais
„ encor moins comment des idées entrent

„ dans ma tête pour en ſortir le moment
„ d'après ſans jamais reparaître ; & com-
„ ment d'autres y reſtent toute ma vie quel-
„ qu'effort que je faſſe pour les en chaſſer.
„ Je ſuis un effet de ton pouvoir occulte
„ & ſuprême, à qui les aſtres obéiſſent com-
„ me moi. Un grain de pouſſière que le vent
„ agite ne dit point c'eſt moi qui commande
„ aux vents. *In te vivimus movemur & ſu-*
„ *mus ; Tu es le ſeul Etre ; tout le reſte eſt*
„ *mode* ".

C'eſt là cette philoſophie des qualités occultes que le père Malebranche entrevit dans le dernier ſiècle. S'il avait pu s'arrêter ſur le bord de l'abîme, il eut été le plus grand, ou plutôt le ſeul métaphyſicien ; mais il voulut parler au verbe ; il ſauta dans l'abîme, & il diſparut.

Il avait dans ſes deux premiers livres frappé aux portes de la vérité. L'auteur de l'Action de Dieu ſur les créatures tourna tout autour, mais comme un aveugle tourne la meule. Un peu avant ce tems il y avait un philoſophe qui était leur maître ſans qu'ils le ſuſſent. Dieu me garde de le nommer.

Depuis ce tems, nous n'avons eu que des

gens d'esprit ; desquels il faut excepter le grand Loke qui avait plus que de l'esprit, &c.

A Mr. P.

Avocat au Parlement de Dijon,

SUR QUELQUES LOIX OU COUTUMES.

A Ferney le 28 Décembre 1771.

JE vous remercie, Monsieur, de nous avoir fait connaître nos usages barbares. J'ai lu ce qui regarde l'esclavage de la main-morte avec d'autant plus d'attention & d'intérêt, que je travaille depuis une année en faveur de ceux qu'on appelle francs, & qui sont esclaves, & même esclaves de moines. St. Pacôme & St. Hilarion, ne s'attendaient pas qu'un jour leurs successeurs auraient plus de serfs de main-morte que n'en eut Attila ou Genseric. Nos moines disent qu'ils ont succédé aux droits des conquérans, & que leurs vassaux ont succédé aux peuples conquis. Le procès est actuellement au conseil. Nous le perdrons sans doute, tant les vieilles coutumes ont de force, & tant les faints ont de vertu.

On rit du péché originel; on a tort. Tout le monde a fon péché originel. Le péché de ces pauvres ferfs, au nombre de plus de cent mille dans le royaume, eft que leurs pères laboureurs Gaulois ne tuèrent pas le petit nombre de barbares Vifigoths, ou Bourguignons, ou Francs, qui vinrent les tuer & les voler. S'ils s'étaient défendus comme les Romains contre les Cimbres, il n'y aurait pas aujourd'hui de procès pour la main-morte. Ceux qui jouiffent de ce beau droit affurent qu'il eft droit divin: je le crois comme eux; car affurément il n'eft pas humain. Je vous avoue, Monfieur, que j'y renonce de tout mon cœur; je ne veux ni main-morte, ni échutte dans le petit coin de terre que j'habite, & je m'en trouve bien. J'aime fort l'édit de Henri II, adopté par le Parlement de Paris. Pourquoi n'eft-il pas reçu dans tous les autres Parlemens? Prefque toute notre ancienne jurifprudence eft ridicule, barbare, contradictoire. Ce qui eft vrai en-deçà de mon ruiffeau eft faux au-delà. Toutes nos coutumes ne font bonnes qu'à jetter au feu. Il n'y a qu'une loi & une mesure en Angleterre.

Vous citez l'Esprit des loix. Hélas ! il n'a remédié & ne remédiera jamais à rien. Ce n'est pas parce qu'il cite faux trop souvent ; ce n'est pas parce qu'il songe presque toujours à montrer de l'esprit. C'est parce qu'il n'y a qu'un Roi qui puisse faire un bon livre sur les loix en les changeant toutes. Agréez, Monsieur, mes remerciements, &c.

A MONSIEUR LE BARON DE FAUGERES,

Officier de marine, sur un monument qu'il proposa d'ériger aux Grands-hommes du siècle de Louis XIV, dans la place de Montpellier.

VOus proposez, Monsieur, qu'autour de la statue élevée à Montpellier *à Louis XIV après sa mort*, on dresse des monuments aux grands-hommes qui ont illustré son siècle en tout genre. Ce projet est d'autant plus beau que depuis quelques années il semble qu'on ait formé parmi nous une cabale pour rabaisser tout ce qui a fait la gloire de ces tems mémorables. On s'est lassé des chef-d'œuvres du siècle passé. On s'efforce de rendre Louis XIV petit, & on lui reproche surtout d'avoir voulu être grand. La nation en général donne la préférence à Henri IV, & l'exclusion à tous les autres rois. Je n'examine pas si c'est justice ou inconstance, si notre raison perfectionnée connait mieux le vrai mérite aujourd'hui qu'autrefois, je remarque seulement que du tems de Henri IV, elle ne connaissait point du tout le mérite; elle ne le sentait point. On on ne me connait pas, disait ce bon prince au duc de Sulli, on me regrettera. En effet, Monsieur, ne dissimulons rien; il était haï & peu respecté. Le fanatisme qui le persécuta dès son berceau, conspira cent fois contre sa vie, & la lui arracha enfin au milieu de ses grands officiers, par la main d'un ancien moine feuillant devenu fou, enragé de la rage de la ligue. Nous lui fesons aujourd'hui amande honorable; nous le préférons à tous les rois, quoique nous conservions encore & pour longtems un grande partie des préjugés qui ont concouru à l'assassinat du meilleur des rois.

Mais si Henri IV fut grand, son siècle ne le fut en aucun genre. Je ne parlerai pas ici de cette foule de crimes & d'infamies dont la superstition & la discorde souillèrent la france. Je m'arrète aux arts dont vous voulez éterniser la gloire. Ils étaient ou ignorez, ou très-mal exercés, à commencer par celui de la guerre. On la fesait depuis quarante ans, & il n'y eut pas un seul homme qui laissa la réputation d'un général habile, pas un que la postérité ait mis à côté d'un prince de Parme, d'un prince d'Orange. Pour la marine, Monsieur, vous qui vous y ètes distingué, vous savez qu'elle n'existait pas alors. Les arts de la paix qui font le charme de la société, qui embellissent les villes, qui éclairent l'esprit, qui adoucissent les mœurs, tout cela nous fut étranger; tout cela n'est né que dans l'âge qui vit naître & mourir Louis XIV.

J'ai peine à concevoir l'acharnement avec lequel on poursuit aujourd'hui la mémoire du grand Colbert qui contribua tant à faire fleurir tous ces arts & ſur tout la marine qui eſt un des principaux objets de votre grand deſſein. Vous ſavez, Monſieur, qu'il créa cette marine ſi longtems formidable. La france deux ans avant ſa mort avait cent-quatre-vingt vaiſſeaux de guerre & trente galères. Les manufactures, le commerce, les compagnies de négoce dans l'orient & dans l'occident, tout fut ſon ouvrage. On peut lui être ſupérieur, & c'eſt aſſurément une grande louange; mais on ne poura jamais l'éclipſer.

Il en ſera de même dans les arts de l'eſprit, comme en éloquence, en poëſie, en philoſophie & dans les arts ou l'eſprit conduit la main, comme en architecture, en peinture, en ſculpture, en mécanique. Les hommes qui embellirent le ſiècle de Louis XIV, par tous ces talens ne ſeront jamais oubliés, quel que ce ſoit le mérite de leurs ſucceſſeurs. Les premiers qui marchent dans une carrière, reſtent toujours à la tête des autres dans la poſtérité. Il n'y a de gloire que pour les inventeurs, a dit Newton dans ſa querelle avec Leibnitz, & il avait raiſon. Il faut regarder comme inventeur, un Paſcal qui forma en effet un genre d'éloquence nouveau ; un Pelliſſon qui défendit Fouquet du même ſtile dont Cicéron avait défendu le roi Dejotarus devant Céſar ; un Corneille qui fut parmi nous le créateur de la tragédie, même en copiant le cid eſpagnol ; un Molière qui inventa réellement & perfectionna la comédie ; & ſi Deſcartes ne s'était pas écarté dans ſes inventions de ſon guide la géométrie, ſi Malebranche avait ſu s'arrèter dans ſon vol, quels hommes ils auraient été !

Tout le monde convient que ce grand ſiècle paſſé fut celui du génie. Mais après les hommes qu'on regarde comme inventeurs, viennent ſouvent, je ne dis pas des diſciples formés dans l'école de leurs maîtres, ce qui ſerait louable, mais des ſinges qui s'efforcent de gâter l'ouvrage de ces maîtres inimitables. Ainſi après que Newton a découvert la nature de la lumière arrive un Caſtel qui veut enchérir, & qui propoſe un claveſſin occulaire.

A peine a-t-on découvert avec le microſcope un nouveau monde en petit, que voila un Néedham qui imagine avoir fait une république d'anguilles, leſquelles accouchent ſur le champ d'autres anguilles, le tout dans une goute de bouillon ou dans une goute d'eau qui a bouilli avec du bled ergotté. Les animaux, les végétaux ſont produits ſans germe, & pour comble de ridicule cela eſt appellé le ſublime de l'hiſtoire naturelle.

Si tôt que de vrais philoſophes eurent calculé l'action du ſoleil & de la lune ſur le flux & le reflux des mers, des romanciers au deſſous de Cirano de Bergerac écrivent l'hiſtoire des tems ou ces mers couvraient les Alpes & le Caucaſe, & ou l'univers n'était habité que par des poiſſons. Ils nous découvrent enſuite, la grande époque dans laquelle les marſouins nos ayeux devinrent hommes, & comment leur queue fourchue ſe changea en cuiſſes & en jambes. C'eſt-là le grand ſervice que Teliamed a rendu depuis peu au genre humain.

Ainſi, Monſieur, dans tous les arts, dans toutes les profeſſions, les charlatans ſuccèdent aux bons maîtres. Et faſſe le ciel que nous n'ayons jamais de charlatans plus funeſtes.

Puiſſe votre projet être exécuté, puiſſent

tous les génies qui ont décoré le ſiècle de Louis XIV, reparaître dans la place de Montpellier, autour de la ſtatue de ce roi, & inſpirer aux ſiècles avenir une émulation éternelle, &c.

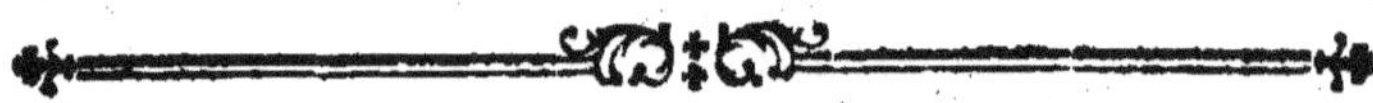

LETTRE

A UN ECCLESIASTIQUE,

Auteur d'un Poëme épique ſur la conquête de la Terre-promiſe, en douze chants, imprimés à Paris, chez Delalain libraire rue St. Jacques en 1766, avec privilège du Roi.

NOn-ſeulement, Monſieur, celui que vous aviez chargé de me faire parvenir votre poëme de la Terre-promiſe ne m'a point envoyé votre bel ouvrage; mais il ne m'en a point parlé; il ne m'a pas cru capable de lire un poëme auſſi curieux. Je ſens tout le prix de ce que j'ai perdu. Rien n'eſt plus poëtique ſans doute que les conquêtes de Joſué, & tout ce qui les a précédées & ſuivies. Aucune fiction grecque n'en approche; chaque événement eſt prodige; & les miracles y font un effet d'autant plus admirable qu'on ne peut pas dire que l'auteur y amène la divinité comme les poëtes grecs, qui faisaient descendre un Dieu sur la scène, quand ils ne savaient comment dénouer leur intrigue. On voit le doigt de Dieu par tout dans le sujet de votre ouvrage, sans que l'intervention divine soit une ressource nécessaire. Josué pouvait aisément passer à gué le Jourdain qui n'a pas quarante-cinq pieds de large, & qui est guéable en cent endroits; mais Dieu fait remonter le fleuve vers sa source pour manifester sa gloire.

Il n'était pas nécessaire que Jérico tombât au son des cornemuses; puisque Josué avait des intelligences dans la ville, par le moyen de Raab la prostituée; mais Dieu fait tomber les murs avec sept processions, pour faire voir qu'il est le maître de tous les murs. Les Amorrhéens étaient déja écrasés par une pluie de pierres tombées du ciel; il n'était pas nécessaire que Dieu arrètât le soleil & la lune à midi, pour que Josué triomphât de ce peu de gens qui venaient d'être lapidés d'en-haut. Si Dieu arrête le ſoleil & la lune, c'eſt pour faire voir aux juifs que le ſoleil & la lune dépendent de lui.

Ce qui me paraît encor de plus favorable à la poëſie, c'eſt que le ſujet eſt petit, & les moyens grands. Joſué ne conquit à la vérité que trois ou quatre lieues de pays, qu'on perdit bientôt après; mais la nature entière eſt en convulſion pour la petite tribu d'Ephraïm. C'eſt ainſi qu'Enée, dans Virgile, s'établit dans un village d'italie avec le ſecours des Dieux. Le grand avantage que vous avez ſur Virgile, c'eſt que vous chantez la vérité, & qu'il n'a chanté que le menſonge. Vous avez l'un & l'autre des héros pieux, ce qui eſt encor un avantage. Il eſt vrai qu'on pourait reprocher quelques cruautés à Joſué, mais elles ſont ſacrées, ce qui eſt bien un autre avantage. Il n'y a même que trente Rois de condamnés à être pendus dans ce petit pays de quatre lieues, pour avoir oſé réſiſter à un étranger envoyé par le Seigneur. Et vous prouverez, quand il vous plaira qu'on ne ſaurait pendre pour la bonne cauſe trop de princes hérétiques.

Jugez, Monſieur, quel eſt mon regret de n'avoir pu lire, dans ma terre non promiſe votre poëme épique ſur la Terre-promiſe, qui me fait concevoir de ſi hautes eſpérances.

J'ai l'honneur d'être avec tous les ſentimens que je vous dois &c.

A MONSIEUR HORACE WALPOLE.

A Ferney le 15 Juillet 1768.

MONSIEUR,

IL y a quarante ans que je n'oſe plus parler anglais ; & vous parlez notre langue très-bien. J'ai vu des lettres de vous écrites comme vous penſez. D'ailleurs mon âge & mes maladies ne me permettent pas d'écrire de ma main. Vous aurez donc mes remerciemens dans ma langue.

Je viens de lire la préface de votre *Hiſtoire de Richard III.* Elle me paraît trop courte : quand on a ſi viſiblement raiſon, & qu'on joint à ſes connaiſſances une philoſophie ſi ferme & un ſtyle ſi mâle, je voudrais qu'on me parlât plus longtems. Votre père était un grand miniſtre & un bon orateur ; mais je doute qu'il eut pu écrire comme vous. Vous ne pouvez pas dire *quia pater major me eſt.*

J'ai toujours penſé comme vous, Monſieur, qu'il faut ſe défier de toutes les hiſtoires anciennes. Fontenelle, le ſeul homme du ſiècle de Louis XIV, qui fut à la fois poëte, philoſophe & ſavant, diſait qu'elles étaient *des fables convenues.* Et il faut avouer que Rollin a trop compilé de chimères & de contradictions.

Après avoir lu la préface de votre Hiſtoire, j'ai lu celle de votre Roman. Vous vous y moquez un peu de moi : les français entendent raillerie ; mais je vais vous répondre ſérieuſement.

Vous avez preſque fait accroire à votre nation que je mépriſe Shakeſpear. Je ſuis le premier qui ai fait connaître Shakeſpear aux français ; j'en traduiſis des paſſages il y a quarante ans, ainſi que de Milton, de Waller, de Rocheſter, de Driden & de Pope. Je peux vous aſſurer qu'avant moi perſonne en France ne connaiſſait la poeſie anglaiſe. A peine avait-on entendu parler de Loke. J'ai été perſécuté pendant trente ans par une nuée de fanatiques, pour avoir dit que

Loke eſt l'Hercule de la métaphyſique, qui a poſé les bornes de l'eſprit humain.

Ma deſtinée a encor voulu que je fuſſe le premier qui ait expliqué à mes concitoyens les *découvertes* du grand Newton, que quelques perſonnes parmi nous appellent encor des *ſyſtêmes.* J'ai été votre apôtre & votre martyr : en vérité il n'eſt pas juſte que les anglais ſe plaignent de moi.

J'avais dit il y a très-longtems que ſi Shakeſpear était venu dans le ſiècle d'Adiſſon, il aurait joint à ſon génie l'élégance & la pureté qui rendent Adiſſon recommandable. J'avais dit *que ſon génie était à lui, & que ſes fautes étaient à ſon ſiècle.* Il eſt préciſément à mon avis comme le Lopez de Véga des eſpagnols & comme le Calderon. C'eſt une belle nature, mais bien ſauvage; nulle régularité, nulle bienſéance, nul art; de la baſſeſſe avec de la grandeur; de la bouffonnerie avec du terrible : c'eſt le chaos de la tragédie dans lequel il y a cent traits de lumière.

Les italiens, qui reſtaurèrent la tragédie un ſiècle avant les anglais & les eſpagnols ne ſont point tombés dans ce défaut; ils ont mieux imité les grecs. Il n'y a point de bouffons dans l'*Oedipe* & dans l'*Electre* de Sophocle. Je foupçonne fort que cette groffiéreté eut fon origine dans nos *Fous de Cour*. Nous étions un peu barbares tous tant que nous fommes en deça des Alpes. Chaque prince avait fon *Fou* en titre d'office. Des rois ignorants élevés par des ignorants ne pouvaient connaître les plaifirs nobles de l'efprit : ils dégradèrent la nature humaine au point de payer des gens pour leur dire des fottifes. De là vint notre *Mère fotte* ; & avant Molière il y avait toujours un fou de Cour dans prefque toutes les comédies. Cette mode eft abominable.

J'ai dit, il eft vrai, Monfieur, ainfi que vous le rapportez, qu'il y a des comédies férieufes, telles que le *Mifantrope*, lefquelles font des chefs-d'œuvres, qu'il y en a de très-plaifantes, comme George Dandin ; que la plaifanterie, le férieux, l'attendriffement peuvent très-bien s'accorder dans la même comédie. J'ai dit que tous les genres font bons hors le genre ennuieux. Oui, Monfieur ; mais la groffiéreté n'eft point un genre. *Il y a beaucoup de logements dans la maifon de mon père* ; mais je n'ai jamais prétendu qu'il fut honnête de loger dans la même chambre Charles-quint & Don Japhet dArménie, Auguſte & un matelot ivre, Marc-Aurele & un bouffon des rues. Il me ſemble qu'Horace penſait ainſi dans le plus beau des ſiècles : conſultés ſon art poëtique. Toute l'Europe éclairée penſe de même aujourd'hui ; & les eſpagnols commencent à ſe défaire à la fois du mauvais goût comme de l'inquiſition : car le bon eſprit proſcrit également l'un & l'autre.

Vous ſentez ſi bien, Monſieur, à quel point le trivial & le bas défigurent la tragédie, que vous reprochez à Racine de faire dire à Antiochus dans *Bérenice*.

> De ſon appartement cette porte eſt prochaine,
> Et cette autre conduit dans celui de la Reine.

Ce ne ſont pas là certainemenr des vers héroïques ; mais ayez la bonté d'obſerver qu'ils ſont dans une ſcène d'*expoſition* laquelle doit être ſimple. Ce n'eſt pas là une beauté de poëſie, mais c'eſt une beauté d'exactitude, qui fixe le lieu de la ſcène ; qui met tout d'un coup le ſpectateur au fait & qui l'avertit que tous les perſonnages paraîtront dans ce cabinet lequel eſt commun aux autres appartements ; ſans quoi il ne ſerait point vraiſemblable que Titus, Bérénice & Antiochus parlaſſent toujours dans la même chambre.

Que le lieu de la ſcène y ſoit fixe & marqué.

dit le ſage Deſpreaux, l'oracle du bon goût dans ſon *Art poëtique*, égal pour le moins à celui d'Horace. Notre excellent Racine n'a preſque jamais manqué à cette règle : & c'eſt une choſe digne d'admiration qu'*Athalie* paraiſſe dans le temple des juifs, & dans la même place où l'on a vu le Grand-prêtre, ſans choquer en rien à la vraiſemblance.

Vous pardonnerez encor plus, Monſieur, à l'illuſtre Racine, quand vous vous ſouviendrez que la pièce de Bérénice était en quelque façon l'hiſtoire de *Louis XIV* & de votre princeſſe anglaiſe ſœur de *Charles ſecond*. Ils logeaient tous deux de plein-pied à St. Germain & un ſallon ſéparait leurs appartemens.

Je remarquerai en paſſant que Racine fit jouer ſur le théatre les amours de Louis XIV avec ſa belle-ſœur, & que ce Monarque lui en ſut très-bon gré. Un ſot tiran aurait pu le punir. Je remarquerai encor que cette Bérénice ſi tendre, ſi délicate, ſi déſintéreſſée, à qui Racine prétend que Titus devait toutes ſes vertus, & qui fut ſur le point d'être impératrice, n'était qu'une juive inſolente & débauchée, qui couchait publiquement avec ſon frère Agrippa ſecond. Juvenal l'appelle barbare inceſtueuſe. J'obſerve en troiſième lieu qu'elle avait quarante-quatre ans quand Titus la renvoya. Ma quatrième remarque, c'eſt qu'il eſt parlé de cette maîtreſſe juive de Titus dans les actes des Apôtres. Elle était encor jeune lorſqu'elle vint ſelon l'auteur des actes, voir le gouverneur de Judée Feſtus, & lorſque Paul étant accuſé d'avoir ſouillé le temple, ſe défendait en ſoutenant qu'il était toujours bon phariſien. Mais laiſſons là le phariſianiſme de Paul, & les galanteries de Bérénice. Revenons aux règles du théatre qui ſont plus intéreſſantes pour les gens de Lettres.

Vous n'obſervez, vous autres libres Bretons, ni *unité de lieu*, ni *unité de tems*, ni *unité d'action*. En vérité vous n'en faites pas mieux ; la vraiſemblance doit être comptée pour quelque choſe. L'art en devient plus difficile ; & les difficultés vaincues donnent en tout genre du plaiſir & de la gloire.

Permettez-moi, tout anglais que vous êtes,

de prendre un peu le parti de ma nation. Je lui dis ſi ſouvent ſes vérités qu'il eſt bien juſte que je la careſſe, quand je crois qu'elle a raiſon. Oui, Monſieur, j'ai cru, je crois & je croirai que Paris eſt très-ſupérieur à Athènes en fait de tragédies & de comédies. Molière & même Régnard me paraiſſent l'emporter ſur Ariſtophane, autant que Démoſthène l'emporte ſur nos Avocats. Je vous dirai hardiment que toutes les tragédies grecques me paraiſſent des ouvrages d'écoliers en comparaiſon des *ſublimes ſcènes* de Corneille, & des *parfaites tragédies* de Racine. C'était ainſi que penſait Boileau lui-même, tout admirateur des anciens qu'il était. Il n'a fait nulle difficulté d'écrire au bas du portrait de Racine que ce grand homme avait ſurpaſſé Euripide & balancé Corneille.

Oui, je crois démontré qu'il y a beaucoup plus d'hommes de goût à Paris que dans Athènes. Nous avons plus de trente mille ames à Paris qui ſe plaiſent aux beaux arts, & Athènes n'en avait pas dix mille; le bas peuple d'Athènes entrait au ſpectacle, & il n'y entre pas chez nous; excepté quand on lui donne un ſpectacle gratis dans des occaſions ſolemnelles ou ridicules. Notre commerce continuel avec les femmes a mis dans nos ſentimens beaucoup plus de délicateſſe, plus de bienſéance dans nos mœurs & plus de fineſſe dans notre goût. Laiſſez-nous notre théâtre, laiſſez aux italiens leurs *Favole boſcarecie*; vous êtes aſſez riches d'ailleurs.

De très mauvaiſes pièces, il eſt vrai, ridiculement intriguées, barbarement écrites, ont pendant quelque tems à Paris des ſuccès prodigieux ſoutenus par la cabale, l'eſprit de parti, la mode, la protection paſſagère de quelques perſonnes accréditées. C'eſt l'ivreſſe du moment, mais en très-peu d'années l'illuſion ſe diſſipe. Don Japhet d'Arménie & Turcaret ſont renvoyés à la populace & le ſiége de Calais n'eſt plus eſtimé qu'à Calais.

Il faut que je vous diſe encor un mot ſur la rime que vous nous reprochez. Preſque toutes les pièces de Driden ſont rimées. C'eſt une difficulté de plus; les vers qu'on retient de lui, & que tout le monde cite, ſont rimés: & je ſoutiens encore que *Cinna*, *Athalie*, *Phèdre*, *Iphigénie* étant rimées, quiconque voudrait ſecouer ce joug, en france, ferait regardé comme un Artiſte faible qui n'aurait pas la force de le porter.

En qualité de vieillard, je vous dirai une anecdote. Je demandais un jour à Pope pourquoi Milton n'avait pas rimé ſon poëme dans le tems que les autres poëtes rimaient leurs poëmes à l'imitation des Italiens ; il me répondit : *becauſe he could not.*

Je vous ai dit, Monſieur, tout ce que j'avais ſur le cœur. J'avoue que j'ai fait une groſſe faute en ne faiſant pas attention que le comte Leiceſter s'était d'abord appellé Dudley ; mais ſi vous avez la fantaiſie d'entrer dans la chambre des Pairs & de changer de nom, je me ſouviendrai toujours du nom de Walpol avec l'eſtime la plus reſpectueuſe.

Avant le départ de ma lettre, j'ai eu le tems, Monſieur, de lire votre *Richard III.* Vous feriez un excellent *Attornei géneral.* Vous peſez toutes les probabilités, mais il paraît que vous avez une inclination ſecrette pour ce boſſu. Vous voulez qu'il ait été beau garçon & même galant homme. Le bénédictin Calmet a fait une diſſertation pour prouver que Jéſus-Chriſt avait un fort beau viſage. Je veux croire avec vous que *Richard III.* n'était n'était ni ſi laid, ni ſi méchant qu'on le dit; mais je n'aurais pas voulu avoir à faire à lui. Votre *Roſe blanche* & votre *Roſe rouge* avaient de terribles épines pour la nation.

Thoſe gratious Kings are all a pack of rogues.

En vérité en liſant l'hiſtoire des York, des Lançaſtre & de bien d'autres, on croit lire l'hiſtoire des voleurs de grands chemin. Pour votre *Henri VII*, il n'était qu'un coupeur de bourſe. &c.

Je ſuis avec reſpect &c.

O

A UN M...... D'ET...

En Juillet 1767.

VOus ſavez Mgr. qu'au ſortir du grand conſeil tenu pour le teſtament du Roi d'Eſpagne, Louis XIV rencontra trois de ſes filles qui jouaient & leur dit ; eh bien quel parti prendriez-vous à ma place ? Ces jeunes princeſſes dirent leur avis au hazard, & le roi leur repliqua, de quelque avis que je ſois, j'aurai des cenſeurs.

Vous daignez en uſer avec un vieillard ignorant comme fit Louis XIV avec ſes enfans. Cette plaiſanterie vous amuſe. Mr. le curé aime quelquefois que gros Jean lui remontre.

Je remontre donc d'abord que tous les hommes ont été, ſont & ſeront menés par les événemens. Je reſpecte fort le cardinal de Richelieu, mais il ne s'engagea avec Guſtave Adolphe, que quand Guſtave eut débarqué en Poméranie ſans le conſulter ; il profita de la circonſtance. Le cardinal Mazarin profita de la mort du duc de Veimar, il obtint l'alſace pour la france, & le duché de Rhetel pour lui. Louis XIV, quoi qu'on en dise, ne s'attendait point du tout, en fesant la paix de Risvik, que son petit fils aurait trois ans après la succession de Charlequint. Il s'attendait encor moins qu'un jour la première guerre de son petit fils serait contre son oncle. Rien de ce que vous avez vu n'a été prévu. Vous savez que le hazard fit la paix avec l'angleterre, signée par ce beau lord Bolinbroke sur les belles fesses de Mad^e^. P.... Vous ferez donc comme tous les grands hommes de votre espèce qui ont mis à profit les circonstances où ils se sont trouvés.

Le grand point est dit-on d'avoir un peu d'argent. Henri IV se prépara à se rendre l'arbitre de l'Europe en fesant faire des balances d'or par le duc de Sulli. Les anglais ne réussissent qu'avec des guinées & un crédit qui les décuple. Le roi de Prusse a fait trembler quelque tems l'allemagne, parce que son père avait plus de sacs que de bouteilles dans ses caves de Berlin. Nous ne sommes plus au tems des Fabricius; c'est le plus riche qui l'emporte, comme parmi nous c'est le plus riche qui achette une charge de maître des requêtes, & qui ensuite peut gouverner l'état. Celà n'eſt pas noble, mais celà eſt vrai.

Je vois que ſur tous les trônes du monde on vit au jour la journée, comme le ſavetier de la Fontaine. Quoi, point de ſyſtême? Non, ceux de Pytagore, de Démocrite, de Platon, de Deſcartes, de Leibnitz ſont tombés. Peut-être faut-il dans votre noble métier comme en phyſique s'en tenir à faire des expériences.

A MONSIEUR TIRIOT,

A Ferney 15 Septembre 1768.

MA foi, mon ami, tout le monde eſt charlatan; les écoles, les académies, les compagnies les plus graves, reſſemblent à l'apoticaire Arnoud dont les ſachets guériſſent toute apoplexie dès qu'on les porte au cou, & à Mr. le Lievre qui vend ſon baume de vie à force gens qui en meurent.

Les Jéſuites eurent il y a quelques années, un procès avec les droguiſtes de Paris, pour je ne ſçais quel Elixir qu'ils vendaient fort chérement, après avoir vendu de la grace ſuffiſante qui ne ſuffiſait point, tandis que les janſéniſtes vendaient de la grace efficace qui n'avait point d'efficacité. Ce monde eſt une grande foire où chaque polichinelle cherche à s'attirer la foule; chacun enchérit ſur ſon voiſin. Il y a un ſage dans notre petit pays qui a découvert que les ames des puces & des moucherons ſont immortelles, & que tous les animaux ne ſont nés que pour reſſuſciter. Il y a des gens qui n'ont pas ces hautes eſpérances. J'en connais même qui ont peine à croire que les Polypes d'eau ſoient des animaux. Ils ne voient dans ces petites herbes qui nagent dans des mares infectes, rien autre choſe que des herbes qui repouſſent comme toute autre herbe quand on les a coupées. Ils ne voient point que ces herbes mangent de petits animaux; mais ils voient ces petits animaux entrer dans la ſubſtance de l'herbe & la manger.

Les mêmes incrédules ne penſent pas que le corail ſoit un compoſé de petits pucerons marins. Feu Mr. de la Faye diſait qu'il ne ſe ſouciait nullement de ſavoir à fond l'hiſtoire de tous ces gens-là, & qu'il ne fallait pas s'embarraffer des perfonnes avec qui on ne peut jamais vivre.

Mais nous avons d'autres génies bien plus fublimes ; ils vous créent un monde auffi aifément que l'abbé de la Teignant fait une chanfon. Ils fe fervent pour cela de machines qu'on n'a jamais vues. D'autres viennent enfuite qui vous peuplent ce monde par attraction. Un fonge creux de mon voifinage, a imprimé férieufement qu'il jugeait que notre monde devait durer tant qu'on ferait des fyftèmes, & que dès qu'ils feraient épuifés ce monde finirait. En ce cas nous en avons encor pour longtems.

Vous avez très-grande raifon d'être étonné que dans l'homme aux quarante écus on ait imputé au grand calculateur Harvey le fyftême des œufs ; il eft vrai qu'il y croyait ; & même il y croyait fi bien, qu'il avait pris pour fa devife ces mots, tout vient d'un œuf. Cependant en affurant que les œufs étaient le principe de toute la nature, il ne voyait dans la formation des animaux que le travail d'un Tifferan qui ourdit fa toile. D'autres virent enfuite dans le fluide de la génération une infinité de petits vermiffeaux très - ſemillants. Quelque-tems après on ne les vit plus ; ils ſont entiérement paſſés de mode. Tous les ſyſtêmes ſur la manière dont nous venons au monde ont été détruits les uns par les autres. Il n'y a que la manière dont on fait l'amour qui n'a jamais changé.

Vous me demandez à propos de tous ces romans, ſi dans le recueil du Lapon qu'on vient d'imprimer à Lyon, on a imprimé ces Lettres ſi étonnantes où l'on propoſait de percer un trou juſqu'au centre de la terre, d'y bâtir une ville latine, de diſſéquer des cervelles de patagons pour connaître la natu re de l'ame, & d'enduire les corps humains de poix réſine pour conſerver la ſanté ; vous verrez que ces belles choſes ſont très adoucies & très-déguiſées dans la nouvelle édition. Ainſi il ſe trouve qu'à la fin du compte c'eſt moi qui ai corrigé l'ouvrage.---- *Ridiculum acri fortius ac melius magnos plerumque ſecat res.*

Ce qu'on imprime ſous mon nom me fait un peu plus de peine. Mais que voulez vous ! je ne ſuis pas le maître. Monſieur l'apoticaire Arnoud peut-il empêcher qu'on ne contrefaſſe ſes ſachets ? Adieu. *Qui bene latuit bene vixit.*

A MILORD CHESTERFIELD,

A Ferney 24 Septembre 1771.

. . . .

DEs cinq ſens que nous avons en partage, Mylord Huntingdon dit que vous n'en avez perdu qu'un ſeul, & que vous avez un bon eſtomac; ce qui vaut bien une paire d'oreilles.

Ce ferait peut-être à moi, de décider lequel eſt le plus triſte d'être ſourd ou aveugle ou de ne point digérer. Je puis juger de ces trois états en connaiſſance de cauſe; mais il y a longtems que je n'oſe décider ſur les bagatelles; à plus forte raiſon ſur des choſes ſi importantes. Je me borne à croire que ſi vous avez du ſoleil dans la belle maiſon que vous avez bâtie, vous aurez des moments tolérables. C'eſt tout ce qu'on peut eſpérer à l'âge où nous ſommes, & même à tout âge. Cicéron écrivit un beau traité ſur la vieilleſſe; mais il ne prouva point ſon livre par les faits; ſes dernières années furent très malheureuſes. Vous avez vécu plus longtems & plus heureuſement que lui. Vous n'avez eu à faire ni à des Dictateurs perpétuels ni à des Triumvirs. Votre lot a été & eſt encor un des plus déſirables dans cette grande lotterie, où les bons billets ſont ſi rares, & où le gros lot d'un bonheur continu n'a été encor gagné par perſonne.

Votre philoſophie n'a jamais été dérangée par des chimères, qui ont brouillé quelquefois des cervelles d'ailleurs aſſez bonnes. Vous n'avez jamais été dans aucun genre ni charlatan, ni dupe des charlatans : & c'eſt ce que je compte pour un mérite très-peu commun qui contribue à l'ombre de félicité qu'on peut goûter dans cette courte vie, &c.

A Ferney

A Ferney le 4 May 1772.

IL faut, Monſieur, que chacun faſſe ſon teſtament ; mais vous vous doutez bien que celui qu'on m'impute n'eſt point mon ouvrage. L'ancien & le nouveau teſtament ont fait dire aſſez de ſottiſes, ſans que j'y ajoute les miennes. Mes prétendues dernières volontés ſont la production d'un avocat de Paris nommé Marchand, qui fait rire quelquefois par ſes plaiſanteries. J'eſpère que mon vrai teſtament ſera plus honnête & plus ſage. Le malheur eſt qu'après avoir été eſclave toute ſa vie, il faut l'être encor après ſa mort. Perſonne ne peut être enterré comme il voudrait l'être. Ceux qui ſeraient bien aiſes d'être dans une urne ſur la cheminée d'un ami, ſont obligés d'aller pourrir dans un cimétiere, ou dans quelque choſe d'équivalent. Ceux qui auraient envie de mourir dans la communion de Marc-Aurèle, d'Epictète & de Cicéron, ſont obligés de mourir dans celle de Luther, s'ils meurent à Upſal, ou d'aller dans l'autre monde avec l'huile d'un patriarche grec si la fievre les prend dans la Morée. J'avoue que depuis quelques années on meurt plus commodément qu'autrefois vers le petit pays que j'habite ; la liberté de penser s'y établit insensiblement comme en Angleterre. Il y a des gens qui m'accusent de ce changement. Je voudrais avoir mérité ce reproche depuis Constantinople jusqu'à la Dalécarlie. Il est ridicule & horrible de troubler les vivants & les morts. Chacun, ce me semble, doit disposer de son corps & de son ame à sa fantaisie. Le grand point est de ne jamais molester ni le corps, ni l'ame de son prochain. Notre consolation après notre mort est que nous ne saurons rien de la manière dont on nous aura traités. Nous avons été baptisés sans en rien savoir ; nous serons inhumés de même. Le mieux serait peut-être de n'avoir point reçu cette vie dont on se plaint si souvent & qu'on aime toujours. Mais rien n'a dépendu de nous. Nous sommes attachés, comme dit Horace, avec les gros clous de la nécessité, &c.

A MR. LE PRINCE G.

AMBASSADEUR A LA HAYE,

A Ferney le 19 *Juin* 1773.

MONSIEUR LE PRINCE,

VOus rendez un grand ſervice à la raiſon, en feſant réimprimer le Livre de feu Mr. H..... Ce Livre trouvera des contradicteurs, & même parmi les philoſophes. Perſonne ne conviendra que tous les eſprits ſoient également propres aux ſciences, & ne différent que par l'éducation. Rien n'eſt plus faux, rien n'eſt plus démontré faux par l'expérience. Les ames ſenſibles ſeront toujours fachées de ce qu'il dit de l'amitié, & lui-même aurait condamné ce qu'il en dit, où l'aurait beaucoup adouci, ſi l'eſprit ſyſtèmatique ne l'avait pas entraîné hors des bornes.

On ſouhaitera peut-être dans cet ouvrage plus de méthode & moins de petites hiſtoriettes, la plûpart fauſſes. Mais il me ſemble que tout ce qu'il dit ſur la ſuperſtition, ſur les abominations de l'intolérance, ſur la liberté, ſur la tirannie, ſur le malheur des hommes, ſera bien reçu de tout ce qui n'eſt pas un ſot ou un fanatique. Quelque philoſophe aurait pu corriger ſon premier livre; mais perſécuter l'auteur, comme on a fait, celà eſt auſſi barbare qu'abſurde, & digne du quatorziéme ſiècle. Tout ce que des fanatiques ont anathématiſé dans cet homme ſi eſtimable, ſe trouvait au fond dans le petit livre du duc de la Rochefoucault, & même dans les premiers chapitres de Loke. On peut écrire contre un philoſophe, en cherchant comme lui la vérité par des routes différentes; mais on ſe deshonore, on ſe rend exécrable à la poſtérité en le perſécutant. Il s'en fallut peu que des Mélitus & des Anitus ne préſentaſſent un gobelet de cigue à votre ami.

Je dois encor des remerciements à V. Exc. pour cette hiſtoire de la guerre de la ſublime Catherine contre la ſublime Porte du peu ſublime Mouſtapha. Vous ſavez que je m'intéreſſe à cette guerre preſque autant qu'à la tolérance univerſelle qui condamne toutes les guerres. Il faut bien quelquefois ſe battre contre ſes voiſins, mais il ne faut pas bruler ſes compatriotes pour des arguments. On dit que le Pape est aussi tolérant qu'un Pape peut l'être ; je le souhaite pour l'amour du genre humain. J'en souhaite autant au Muphti, au Shérif de la Meque, au grand Lama & au Daïri.

Je suis possesseur d'un tas de boue, grand comme la patte d'un ciron sur ce misérable globe ; il y a chez moi des papistes, des calvinistes, des pietistes, quelques sociniens & même un jésuite ; tout cela vit ensemble dans la plus grande concorde, du moins jusqu'à présent. Il en est ainsi dans votre vaste Empire sous les auspices de Catherine. On goûte depuis longtems de ce bonheur en Angleterre, en Hollande, en Brandebourg, en Prusse & dans plusieurs villes d'Allemagne ; pourquoi donc pas dans toute la terre ? Pourquoi n'adoucirait-on pas un peu cette maxime ? *Que celui qui n'est pas de notre avis, soit comme un commis des fermes & comme un payen.* Pourquoi jetterions-nous dans un cachot le convive qui n'aurait pas mis son bel habit pour souper avec nous ? Pourquoi ferait-on aujourd'hui mourir d'apoplexie un père de famille & sa femme, qui ayant donné presque tout leur bien aux jacobins, garderaient quelques florins pour dîner? Pourquoi?... Pourquoi?... Pourquoi...? Si on me demande pourquoi je vous suis si attaché, je réponds, c'est que vous êtes tolérant, juste & bienfesant.

Que dites-vous du barbare énergumène qui a cru que j'étais l'ennemi de votre ami, & qui m'a écrit une philippique? Agréez Monsieur le prince, ma très-sensible & très respectueuse reconnaissance.

A MONSIEUR LE CHEVALIER HAMILTON AMBASSADEUR A NAPLES.

A Ferney le 17 Juin 1773.

MONSIEUR,

LE public vous a l'obligation de connaître le Vesuve & l'Etna beaucoup mieux qu'ils ne furent connus du tems des Cyclopes, & ensuite de celui de Pline. Les montagnes que vous avez vues de mes fenêtres à Ferney sont dans un goût tout opposé,

Vôtre Vesuve & vôtre Etna sont pleins de caprices; ils ressemblent aux petits hommes trop vifs, qui se mettent souvent en colère sans raison; mais nos montagnes des glacières qui sont dix fois plus hautes, & quarante fois plus étendues, ont toujours le même visage, & sont dans un calme éternel. Des lacs toujours glacés de six milles de longueur, sont établis dans la moyenne région de l'air entre des rochers blancs, au dessus des nuages & du tonnerre, sans qu'il y ait eu de l'altération depuis des milliers de siècles.

Il n'y a pas bien loin de la fournaise où vous êtes, à la glacière de la Suisse; & cependant quelle énorme différence entre les terrains, entre les hommes, entre les gouvernements, entre Calvin & san Gennaro!

J'ai vu avec douleur que vous n'avez pu faire rajuster un thermomètre en Sicile. Que dirait Archimède s'il revenait à Siracuse! mais que diraient les Trajans & les Antonins, s'ils revenaient à Rome?

Je trouve tout simple que les éruptions des volcans produisent des monticules. Ceux que les fourmis élèvent dans nos jardins sont

ſont bien plus étonnants. Ces petites montagnes formées en huit jours par des inſectes ont deux ou trois cent fois la hauteur de l'architecte. Mais pour nos vénérables montagnes, ſeules dignes de ce nom, d'où partent le Rhin, le Danube, le Rhône, le Pô, ces énormes maſſes paraiſſent avoir plus de conſiſtance que Monte - Nuovo, & que la prétendue nouvelle île de Santorin. La grande chaîne de hautes montagnes qui couronnent la terre en tout ſens, m'a toujours paru auſſi ancienne que le monde; ce ſont les os de ce grand animal; il mourrait de ſoif s'il n'y avait pas de fleuves; & il n'y aurait aucun fleuve ſans ces montagnes qui en ſont les réſervoirs perpétuels. On ſe moquera bien un jour de nous, quand on ſaura que nous avons eu des charlatans qui ont voulu nous faire accroire que les courans des mers avaient formé les Alpes, le mont Taurus, les Pirenées & les Cordelières.

Tout Paris en dernier lieu était en allarmes; il s'était perſuadé qu'une comète viendrait diſſoudre notre globe le 20 ou le 21

Mai. Dans cette attente de la fin du monde on manda que les dames de la cour, & les dames de la halle allaient à confesse, ce qui est, comme vous savez, un secret infaillible pour détourner les comètes de leur chemin. Des gens qui n'étaient pas astronomes prédirent autrefois la fin du monde pour la génération où ils vivaient. Est-ce par pitié ou par colère que cette catastrophe a été différée ? *To be, or not to be, that is the question. &c.*

A MON-

A MR. DU M......

Membres de plusieurs Académies. Sur d'anciennes anecdotes.

PUisque vous n'avez pu, mon ami, obtenir une chaire de professeur d'arabe, demandez-en une d'*antiche coyonerie.* Il y en a plusieurs d'établies, sinon sous ce titre, au moins dans ce goût. Il serait fort amusant de nous faire voir s'il est vrai que nous avons pris des anciens tout ce que nous croyons avoir inventé, comme Réaumur a inventé l'art de faire éclore des poulets sans poules, cinq ou six mille ans après que cette méthode commença en Egypte. Il y a des gens qui ont vu tout le systême de Copernic chez les anciens Caldéens. Mais ce qui serait bien plus plaisant. Ce serait de voir tous nos bons contes modernes pillés de la plus haute antiquité Orientale.

La Matrone d'Ephèse, par exemple, a été mise en vers par la Fontaine en France, & auparavant en Italie. On la retrouve dans

Pétrone: & Pétrone l'avait prise des Grecs. Mais où les Grecs l'avaient-ils prise ? Des contes arabes. Et de qui les conteurs Arabes la tenaient-ils ? De la Chine. Vous la verrez dans des contes Chinois traduits par le père Dentrecoles & recueillis par le père Du-Halde. Et ce qui mérite bien vos réflexions, c'est que cette histoire est bien plus morale chez les Chinois que chez nos traducteurs.

J'ai rapporté dans un de mes inutiles ouvrages la fable dont Molière a composé son Amphitrion, imité de Plaute, qui l'avait imité des Grecs : l'original est indien. Le voici, à-peu-près tel qu'il a été traduit par le colonel *Dow*, très-instruit dans la langue sacrée qu'on parlait il y a douze à quinze mille ans sur le bord du Gange, vers la ville de Bénarès à vingt lieues de Calcuta, chef-lieu de la compagnie anglaise.

Le savant colonel Dow s'exprima donc à-peu-près ainsi : (*Annales II. p.* 273.) Un indou d'une force extraordinaire avait une très-belle femme ; il en fut jaloux, la battit & s'en alla. Un égrillard de dieu, non pas un Brama ou un Vishnou ou un Sib, mais un dieu du bas étage & cependant fort puiſſant, fait paſſer ſon ame dans un corps entiérement ſemblable à celui du mari fugitif, & ſe préſente ſous cette figure à la dame délaiſſée. La doctrine de la métempſycoſe rendait cette ſupercherie vraiſemblable. Le dieu amoureux demande pardon à ſa prétendue femme de ſes emportemens, obtient ſa grace, couche avec elle, lui fait un enfant & reſte le maître de la maiſon. Le mari repentant, & toujours amoureux de ſa femme, revient ſe jetter à ſes pieds : il trouve un autre lui-même établi chez lui. Il eſt traité par cet autre d'impoſteur & de ſorcier. Cela forme un procès tout ſemblable à celui de notre *Martinguerre*. L'affaire ſe plaide devant le parlement de Bénarès. Le premier préſident était un bracmane qui devina tout-d'un-coup que l'un des deux maîtres de la maiſon était une dupe, & que l'autre était un dieu. Voici comme il s'y prit pour faire connaître le véritable mari. Votre époux, madame, dit-il, eſt le plus robuſte de l'Inde. Couchez avec les deux parties l'une après l'autre, en préſence de notre parlement indien. Celui des deux qui aura fait éclater les plus nombreuſes marques de valeur, sera sans doute votre mari. Le mari en donna douze. Le fripon en donna cinquante. Tout le parlement brame décida que l'homme aux cinquante était le vrai possesseur de la dame. Vous vous trompez tous, répondit le premier président. L'homme aux douze est un héros, mais il n'a pas passé les forces de la nature humaine : l'homme aux cinquante ne peut-être qu'un dieu qui s'est moqué de nous. Le dieu avoua tout, & s'en retourna au ciel en riant.

Vous m'avouerez que l'Amphitrion Indou est encor plus comique & plus ingénieux que l'Amphitrion Grec, quoiqu'il ne puisse pas être décemment joué sur le théâtre.

Vous étonnerez peut-être encor plus votre monde, quand vous raconterez l'origine de la fameuse querelle d'Aaron avec Datan, Coré, & Abiron, écrite par un Juif qui était apparemment le Loustic de sa tribu. C'est peut-être le seul Juif qui ait su railler. Son livre n'est pas de l'antiquité des premiers braçmanes. Mais enfin il est ancien, & peut-être plus ancien qu'Homère. Les Juifs d'Italie le firent imprimer dans Venise au quinzième siècle, & le célèbre Gaumin conseiller d'Etat l'enrichit de notes en latin. Fabricius les a insérées dans sa traduction latine de la vie & de la mort de Moïse, autre ancien ouvrage plus que rabinique, écrit à ce qu'on a prétendu, vers le tems d'Esdras. Je vais faire copier le passage qui se trouve au livre II. page 165. nombre 297, édition de Hambourg.

„ Ce fut une pauvre veuve qui fut la cause
„ de la querelle. Cette femme n'avait pour
„ tout bien qu'une brebis. Elle la tondit.
„ Aaron vint ; & lui dit : il est écrit que les
„ prémices apartiendront au Seigneur. Et il
„ prit la laine. La veuve en pleurs alla se
„ plaindre à Coré, qui fit des remontrances
„ au prêtre Aaron. Elles furent inutiles.
„ Coré donna quatre pièces d'argent à la
„ pauvre femme, & se retira très-irrité.
„ Peu de temps après la brebis mit bas son
„ premier agneau. Aaron revient ; ma bonne
„ il est écrit que les premiers nés sont au
„ Seigneur. Il emporte l'agneau & le mange.
„ Nouvelles remontrances de Coré aussi mal
„ reçues que les premières. La veuve déses-
„ pérée tue sa brebis. Voilà aussi-tôt Aaron
„ chez elle. Il prend la machoire, l'épaule

„ & le ventre de la brebis. Coré ſe fâche „ contre lui. Aaron répond que cela eſt écrit „ & qu'il veut manger cette épaule & le ven- „ tre. La veuve outrée jura & dit ; Au dia- „ ble ma brebis. Aaron qui l'entendit revint „ encor, diſant, il eſt écrit que tout anathè- „ me eſt au Seigneur, & ſouppa des reſtes „ de la pauvre bête. Telle eſt la cauſe de la „ diſpute entre Aaron d'une part, & Coré, „ Datan & Abiron de l'autre ".

Cette mauvaiſe plaiſanterie a été imitée chez plus d'une nation. Il n'y a pas une ſeule bonne fable de la Fontaine qui ne vienne du fond de l'Aſie. Vous en retrouvez même parmi les Tartares. Je me ſouviens d'avoir lu autrefois dans le Recueil des voyages de Plancarpin, de Rubruquis & de Marc Paolo qu'un chef des Tartares étant prêt de mourir, récita à ſes enfans la fable du vieillard qui donne à ſes fils un faiſceau de flèches à rompre. (*)

Avons-nous dans notre Occident quelque conte plus philoſophique que celui qui

---

(*) Voyages de Plancarpin, Rubruquis, Marc Paul & Haiton, chapit. 17 d'Haiton, pag. 31.

eſt rapporté dans Oléarius au ſujet d'Alexandre ? J'en ai parlé dans une de ces brochures que je ne vous ai pas envoyées, parce qu'elles ne valent pas le port. La ſcène eſt au fond de la Bactriane dans un tems où tous les princes de l'Aſie cherchaient l'eau de l'immortalité, comme depuis chez nos romanciers la plûpart des chevaliers errans cherchèrent la Fontaine de Jouvence. Alexandre rencontre un ange dans la caverne où des mages l'aſſuraient qu'on puiſait l'eau de l'immortalité. L'ange lui donne un caillou. Rapporte m'en un autre, lui dit-il, qui ſoit de même forme & de même poids, & alors je te ferai boire de cette eau que tu demandes. Alexandre chercha, & fit chercher partout. Après bien des peines inutiles, il prit le parti de choiſir un caillou à-peu-près ſemblable, & d'y ajouter un peu de terre pour égaler les poids & les formes. L'ange Gabriel s'apperçut de la ſupercherie, & lui dit, *Mon ami, ſouviens-toi que tu es terre. Détrompe-toi de ton breuvage de l'immortalité, & ne prétends plus en impoſer à Gabriel.* (*)

(*) Oléarius, page 169.

Cet apologue nous apprend encor qu'on ne trouve point dans la nature deux choſes abſolument ſemblables, & que les idées de Leibnitz ſur les indiſcernables étaient connues longtems avant Leibnitz au milieu de la Tartarie. (*)

Pour la plûpart des contes dont on a farci nos ana, & toutes ces réponſes plaiſantes qu'on attribue à Charles-Quint, à Henri IV, à cent princes modernes, vous les retrouvez dans Athénée & dans nos vieux auteurs. C'eſt en ce ſens ſeulement qu'on peut dire *nihil ſub ſole novum, &c.*

(*) On a fait uſage de cette hiſtoire dans un petit livre intitulé, *Lettres Chinoiſes, Indienn.s & Tartares.*

A MON

A MONSIEUR DE CHABAN... SUR PINDARE ET HORACE.

A Ferney le 9 Mars 1772.

VOus me faites un très-beau préſent, mon cher ami. Vous rendez un grand ſervice aux Lettres en faiſant connaître Pindare. Votre traduction eſt noble & élégante, vos notes très-inſtructives. Je vous avoue que j'ai de la peine à m'accoutumer à voir ce Pindare couper ſi ſouvent ſes mots en deux, mettre une moitié du mot à la fin d'un vers, & l'autre moitié au commencement du vers ſuivant.

Je ſais bien que vous me direz que c'eſt en faveur de la muſique ; mais je ne ſuis pas moins étonné de voir dès la première ſtrophe,

Chryzea formigx Apollo-
nos. Kai ïoplokamon.

Voudriez-vous mettre dans un opéra ?

Lyre d'or d'Apollon, & des cheveux violets ?

Que dites-vous de

Amphi te La-

toi a.

Le fils de La-

tone.

On aurait pu, ce me ſemble, faire de la muſique grecque ſans cette étrange bigarrure. Les odes d'Anacréon étaient chantées, & Anacréon ne s'aviſa jamais de couper ainſi les paroles en deux.

On prétend que les Rapſodes chantaient les vers d'Homère; mais il n'y a pas un ſeul vers d'Homère taillé comme ceux de Pindare.

Ce qui me paraît bien étrange, c'eſt de voir dans Horace

Jove non probante u-

xorius amnis.

Jupiter condamnait le cou-

roux du fleuve amant de ſa femme.

Il ſe donne ſouvent cette licence. Il n'y a pas moyen de réprouver une méthode qu'Horace adoptait. Tout ce que nous pouvons dire, c'eſt que les Français ſe moqueraient de nous ſi nous prenions la liberté que Pindare

& Horace ont prise. Passe pour Chapelle qui écrit au courant de la plume,

A cet agréable repas
Petit Val ne se trouva pas.
Et sais-tu bien pourquoi c'est parce
Qu'il est toujours avec sa garce.

Au reste, je doute fort qu'on ait chanté toutes les odes d'Horace. Croyez-vous que les dames Romaines & les hommes du bon ton, eussent goûté un grand plaisir à chanter à table cette chanson *Persicos odi* que Dacier a traduite ainsi ?

„ Laquais, je ne suis point pour la magnificence des Perses. Je ne puis même „ souffrir les couronnes qui sont pliées avec „ de petites bandelettes de tilleul. Cesse donc „ de t'informer où tu pourras trouver des „ roses tardives. Je ne demande que des couronnes de simple mirte, sans que tu y „ fasses d'autre façon. Le mirte sied bien à „ un laquais comme toi ; & il ne me sied „ pas mal, lorsque je bois sous l'épaisseur „ d'une treille “.

Je doute encor que la bonne compagnie de Rome ait répété en chorus les horreurs qu'Horace reproche à la sorcière Canidie & à quelques autres vieilles.

Plusieurs savans prétendent que les trois quarts des odes d'Horace n'étaient point faites pour la musique. Mais enfin, ode signifie chanson ; & qu'est-ce qu'une chanson qu'on ne peut chanter ? On nous dit que c'est ainsi qu'on en use dans toute l'Europe ; on y fait des stances rimées qui ne se chantent jamais. Aussi les amateurs de la musique répondent que c'est un reste de barbarie.

L'abbé Terrasson demandait sur quel air Moïse avait mis son fameux cantique au sortir de la mer rouge, *chantons un hymne au Seigneur qui s'est manifesté glorieusement ?*

Il faut que je vous fasse une petite querelle sur votre Discours préliminaire, qui me paraît excellent. Vous appellez Cowlei le Pindare Anglais. Vous lui faites bien de l'honneur. C'était un poëte sans harmonie, qui cherchait à mettre de l'esprit partout. Le vrai Pindare est Dryden auteur de cette belle ode intitulé *La Fête d'Alexandre*, ou *Alexandre & Timothée.* Cette ode mise en musique par Purcel (si je ne me trompe), passe en Angleterre pour le chef-d'œuvre de la poëſie la plus ſublime & la plus variée. Et je vous avoue que comme je ſais mieux l'anglais que le grec, j'aime cent fois mieux cette ode que tout Pindare.

C'eſt aſſez blaſphèmer contre le premier violon du roi de Sicile Hieron. Je voudrais bien ſavoir ſeulement ſi on chantait ſes odes en parties. Il eſt très-probable que les Grecs connaiſſent cette harmonie que nous leur nions avec beaucoup d'impudence. Platon le dit expreſſément, & en termes formels.

Pardon de faire avec vous le ſavant.

D'un certain magiſter le rat tenait ces choſes
Et les diſait à travers champs, &c.

A UNE

A UNE CÉLÈBRE ACTRICE.

IL eſt vrai, Mademoiſelle, que la belle Ofilds la première comédienne d'Angleterre, jouit d'un beau mauſolée dans l'égliſe de Weſtminſter, ainſi que les rois & les héros du pays, & même le grand Newton. Il eſt vrai auſſi que Mademoiſelle le Couvreur la première actrice de France en ſon tems fut portée dans un fiacre au coin de la rue de Bourgogne, non encor pavée; qu'elle y fut enterrée par un crocheteur, & qu'elle n'a point de mauſolée. Il y a dans ce monde des exemples de tout. Les Anglais ont établi une fête annuelle en l'honneur du fameux comédien poëte Shakeſpear. Nous n'avons pas encor parmi nous la fête de Molière. Louis XIV au comble de la grandeur danſa avec les danſeurs de l'opéra devant tout Paris en revenant de la fameuſe campagne de 1672. Si l'archévêque de Paris en avait voulu faire autant, il n'aurait pas été ſi bien accueilli, quand

quand même il eût été le premier homme de l'Europe pour le menuet.

L'Italie au commencement de notre seiziéme siècle vit renaître la tragédie & la comédie, grace au goût du pape Léon X, & au génie des prélats Bibiena, la Casa, Trissino. Le cardinal de Richelieu fit bâtir la salle du palais royal pour y jouer ses pièces, & celles de ses cinq garçons poëtes. Deux évêques faisaient par ses ordres les honneurs de la salle, & présentaient des rafraîchissemens aux dames dans les entre-actes.

Nous devons l'opéra au cardinal Mazarin. Mais voyez comme tout change. Les cardinaux Dubois & Fleuri tous deux premiers ministres, ne nous ont pas valu seulement une farce de la foire. Nous sommes devenus plus réguliers ; nos mœurs sont sans doute plus sévères. On a soupçonné les jansénistes d'avoir armé les bras de l'église contre les spectacles, pour se donner le plaisir de tomber sur les jésuites qui faisaient jouer des tragédies & des comédies par leurs écoliers, & qui mettaient ces exercices parmi les premiers devoirs d'une bonne éducation. On prétend même que les jésuites intimidés cesfèrent leurs ſpectacles quelque tems avant que leur ſociété fut abolie en France.

Vous avez ſans doute entendu dire, Mademoiſelle, aux grands ſavans qui viennent chez vous, que le contraire était arrivé chez les Grecs & chez les Romains nos maîtres. L'argent deſtiné pour les frais du théâtre d'Athènes était un argent ſacré. Il n'était pas même permis d'y toucher dans les plus preſſantes néceſſités, & dans les plus grands dangers de la guerre.

On fit encor mieux dans l'ancienne Rome. Elle était déſolée par la peſte vers l'an 390 de ſa fondation : il fallait apaiſer les dieux par les cérémonies les plus ſaintes. Que fit le ſénat ? Il ordonna qu'on jouât la comédie, & la peſte ceſſa. Tout bon médecin n'en doit pas être ſurpris ; il ſait qu'un plaiſir honnête eſt fort bon pour la ſanté.

Malheureuſement nous ne reſſemblons ni aux Grecs, ni aux anciens Romains. Il eſt vrai qu'en France il y a beaucoup d'aimables Français, mais il y a auſſi des Welches ; & ceux-ci ne regarderaient pas la comédie comme un ſpécifique s'ils étaient attaqués de la peſte. Pour moi, Mademoiſelle, je voudrais paſſer ma vie à vous entendre, où la peſte m'étouffe. J'avoue que les contradictions qui diviſent les eſprits au ſujet de votres art ſont ſans nombre; mais vous ſavez que la ſociété ſubſiſte de contradictions; il n'y en a point parmi ceux qui vivent avec vous; ils ſe réuniſſent tous dans les ſentimens d'eſtime & d'amitié qu'ils vous doivent.

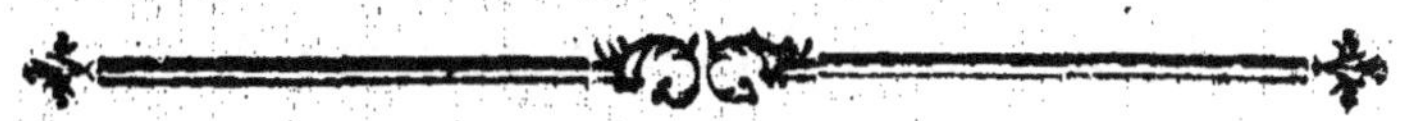

REPONSE A MONSIEUR L'ABBÉ BERTINELLI DE VERONE.

(*Cette Lettre eſt ancienne.*)

SI j'étais moins vieux, & ſi j'avais pu me contraindre, j'aurais certainement vu Rome, Veniſe & votre Vérone; mais la liberté ſuiſſe & anglaiſe, qui a toujours fait ma paſſion, ne me permet guères d'aller dans votre pays voir les frères inquiſiteurs, à moins que je n'y ſoit le plus fort. Et comme il n'y a pas d'apparence que je ſois jamais ni général d'armée, ni ambassadeur, vous trouverez bon que je n'aille point dans un pays où l'on saisit aux portes des villes les livres qu'un pauvre voyageur a dans sa valise. Je ne suis point du tout curieux de demander à un dominicain permission de parler, de penser & de lire; & je vous dirai ingénuement que cet esclavage d'Italie me fait horreur. Je crois St. Pierre de Rome fort beau; mais j'aime mieux un bon livre englais écrit librement que cent mille colonnes de marbre. Je ne sais pas de quelle liberté vous me parlez auprès du *Monte Baldo*; mais j'aime beaucoup celle dont parle Horace, *fari quæ sentiat.* C'est celle où je suis parvenu après l'avoir cherchée toute ma vie. La félicité que je me suis faite redouble par votre commerce; je recevrai avec la plus tendre reconnaissance les instructions que vous voulez bien me promettre sur l'ancienne littérature italienne.

Je fais grand cas du courage avec lequel vous avez osé dire que *Dante* était un fou, & son ouvrage un monstre. J'aime encor mieux pourtant dans ce monstre une cinquantaine de vers supérieurs à son siècle que tous les vermiſſeaux appellés *ſonetti* qui naiſſent & qui meurent à milliers aujourd'hui dans l'Italie, de Milan juſqu'à Otrante.

Algarotti a donc abandonné le triumvirat, comme Lépidus : je crois que dans le fond il penſe comme vous ſur le *Dante*. Il eſt plaiſant que, même ſur ces bagatelles, un homme qui penſe n'oſe dire ſon ſentiment qu'à l'oreille de ſon ami. Ce monde-ci eſt une pauvre maſcarade. Je conçois à toute force comment on peut diſſimuler ſes opinions pour devenir cardinal ou pape; mais je ne conçois guères qu'on ſe déguiſe ſur le reſte. Ce qui me fait aimer l'Angleterre, c'eſt qu'il n'y a d'hipocrites en aucun genre. J'ai tranſporté l'Angleterre chez moi, eſtimant d'ailleurs infiniment les Italiens & ſurtout vous, Monſieur, dont le génie & le caractère ſont faits pour plaire à toutes les nations, & qui mériteriez d'être auſſi libre que moi.

Pour le poliſſon nommé *Marrini* qui vient de faire imprimer le Dante à Paris dans la Collection des poëtes Italiens, c'eſt un marchand qui vient établir ſa boutique & qui vente ſa marchandiſe; il dit des injures à

Bayle & à moi ; & nous reproche comme un crime de préférer Virgile à ſon Dante. Ce pauvre homme a beau dire : le Dante pourra entrer dans les bibliothèques des curieux, mais il ne ſera jamais lu. On me vole toujours un tome de l'Arioſte : on ne ma jamais volé un Dante.

Je vous prie de donner au Diable il ſignor Martini, & tout ſon enfer avec la Panthère que le Dante rencontre d'abord dans ſon chemin, ſa lionne & ſa louve. Demandez bien pardon à Virgile qu'un poete de ſon pays l'ait mis en ſi mauvaiſe compagnie. Ceux qui ont quelqu'étincelle de bon ſens doivent rougir de cet étrange aſſemblage en enfer, du Dante, de Virgile, de St. Pierre, & de Madonna Beatricé. On trouve chez nous dans le dix-huitiéme ſiècle des gens qui s'efforcent d'admirer des imaginations auſſi ſtupidement extravagantes, & auſſi barbares ; on a la brutalité de les oppoſer aux chef-d'œuvres de génie, de ſageſſe & d'éloquence que nous avons dans notre langue, &c. *O tempora ! ô judicium !*

REPONSE A DES QUESTIONS METAPHYSIQUES.

LE folitaire à qui vous avez écrit, Monfieur, reçoit fouvent des lettres de littérateurs, ou d'amateurs qu'il n'a pas l'honneur de connaître. Rarement ces lettres valent la peine qu'on y réponde. La vôtre n'eft pas affurément de ce genre; votre écrit refpire la plus faine métaphyfique; & fi vous n'avez rien puifé dans les livres, cela prouve que vous êtes capable d'en faire un très-bon, ce qui eft extrêmement rare, furtout dans cette matière.

La liberté telle que plufieurs fcolaftiques l'entendent, eft en effet une chimère abfurde. Pour peu qu'on écoute la raifon, & qu'on ne veuille point fe payer de mots, il eft clair que tout ce qui exifte & tout ce qui fe fait, eft néceffaire; car s'il n'était pas néceffaire il ferait inutile. La refpectable fecte des ftoïciens penfait ainfi; & ce qu'il y a de fingulier, c'eft que cette vérité fe trouve en cent endroits dans l'Homère qui soumet Jupiter au destin.

Il existe quelque chose ; donc il est un Etre éternel ; cela est démontré ; sans quoi il y aurait un effet sans cause. Aussi tous les anciens sans en excepter un seul, on cru la matière éternelle.

Il n'en est pas de même de l'immensité, ni de la toute-puissance. Je ne vois pas pourquoi il est nécessaire que tout l'espace soit rempli ; & je n'entends nullement ce raisonnement de Clarke, *ce qui existe nécessairement en un lieu, doit exister nécessairement en tout lieu.* On lui a fait sur celà, ce me semble, de très-bonnes objections, auxquelles il n'a fait que de très-faibles réponses. Pourquoi serait-il impossible qu'il y eût seulement une certaine quantité d'êtres ? Je conçois bien mieux la nature bornée que je ne conçois la nature infinie.

Je ne puis sur cet article avoir que des probabilités, & je ne puis que me rendre aux probabilités les plus fortes. Tout se correspondant dans ce que je connais de la nature, j'y apperçois un dessein ; ce dessein me fait connaître un moteur ; ce moteur est sans doute très-puiſſant ; mais la ſimple philoſophie ne m'apprend point que ce grand artiſan ſoit infiniment puiſſant. Une maiſon de quarante pieds de haut me prouve un architecte ; mais ma ſeule raiſon ne peut m'enſeigner que cet architecte ait pu bâtir une maiſon de dix mille lieues de hauteur. Il était peut-être dans ſa nature de n'en bâtir une que de quarante pieds. Ma ſeule raiſon ne me dit point encor qu'il n'y ait que cet architecte dans l'eſpace. Et ſi un homme me ſoutenait qu'il y a un grand nombre d'architectes ſemblables, je ne vois pas comment je pourais le convaincre du contraire.

La métaphyſique eſt le champ des doutes, & le roman de l'ame. Nous ſavons bien que plus d'un docteur nous a dit des ſottiſes. mais nous n'avons guères de vérités à ſubſtituer à leurs innombrables erreurs. Nous nageons dans l'incertitude ; nous avons très-peu d'idées claires ; & cela doit être, puiſque nous ne ſommes que des animaux hauts d'environ cinq pieds & demi, avec un cerveau d'environ quatre pouces cubes. Mon cerveau, Monſieur, eſt le très-humble ſerviteur du vôtre.

SUR LES LETTRES PRÉTENDUES *DU PAPE* GANGANELLI CLEMENT XIV.

2 *May* 1776.

J'Ai été ſi excédé, mon cher ami, de mes lettres ingénieuſes & galantes que je n'ai jamais écrites, & de tant d'autres fadaiſes à moi imputées, qu'il faut me pardonner ſi je prends le parti de tout cardinal, ou de tout pape à qui on joue de pareils tours.

Il y a longtems que je fus indigné de ce teſtament politique ſi frauduleuſement produit ſous le nom du cardinal de Richelieu. Pouvait-on ſuppoſer des conſeils politiques d'un premier miniſtre qui ne parlait à ſon Roi, ni de la Reine qui était dans une ſituation ſi équivoque, ni de ſon frère qui avait ſi ſouvent conſpiré contre lui, ni du Dauphin ſon fils dont l'éducation était ſi importante, ni de ſes ennemis contre leſquels il y avait tant de meſures à prendre, ni des proteſtans du royaume auxquels ce même Roi avait tant fait la guerre, ni de ſes armées, ni de ſes négociations, ni d'aucun de ſes généraux, ni d'aucun de ſes ambaſſadeurs ? Il y avait de la démence & de l'imbécilité à croire cette rapſodie écrite par un miniſtre d'Etat.

Chaque page décélait la fraude la plus mal ourdie ; cependant le nom du cardinal de Richelieu en impoſa pendant quelques tems ; & quelques beaux eſprits mêmes prônèrent comme des oracles les énormes bévues dont le livre fourmille. C'eſt ainſi que toute erreur ſe perpétuerait d'un bout du monde à l'autre, s'il ne ſe trouvait quelque bonne ame qui eût aſſez de hardieſſe pour l'arrèter en chemin.

Nous avons eu depuis les Teſtaments du duc de Lorraine, de Colbert, de Louvois, d'Albéroni, du maréchal de Belliſle, de Mandrin. Parmi tant de héros je n'oſe me placer ; mais vous ſavez que l'avocat Marchand a fait mon teſtament, dans lequel il a eu la diſcrétion de ne pas même inſérer un legs pour lui.

Vous avez vu les Lettres de la Reine Chriſtine, de Ninon, de Madame de Pompadour, de Mademoiſelle Tron à ſon amant le révérend père de la Chaize confeſſeur de Louis XIV. Voici donc aujourd'hui les Lettres du pape Ganganelli. Elles ſont en français quoiqu'il n'ait jamais écrit en cette langue. Il faut que Ganganelli ait eu incognito le don des langues dans le cours de ſa vie. Ces Lettres ſont entiérement dans le goût français. Les expreſſions, les tours, les penſées, les mots à la mode, tout eſt français. Elles ont été imprimées en France ; l'éditeur eſt un Français né auprès de Tours, qui a pris un nom en J, & qui a déja publié des ouvrages français ſous des noms ſuppoſés.

Si cet éditeur avait traduit de véritables Lettres du pape Clément XIV en français, il aurait dépoſé les originaux dans quelque bibliothèque publique. On eſt en droit de lui dire ce qu'on dit autrefois à l'abbé Nodot, „ Montrez-nous votre manuſcrit de „ Pétrone trouvé à Bellegrade, ou conſentez „ à n'être cru de perſonne. Il eſt auſſi faux „ que vous ayez entre les mains la véritable „ ſatyre de Pétrone qu'il eſt faux que cette „ ancienne ſatyre fut l'ouvrage d'un conſul, „ & le tableau de la conduite de Néron.

» Cessez de vouloir tromper les savans. On » ne trompe que le peuple".

Quand on donna la comédie de l'Ecossaise sous le nom de Guillaume Vadé, & de Jérôme Carré, le public sentit tout d'un coup la plaisanterie, & n'exigea pas des preuves juridiques. Mais quand on compromet le nom d'un pape dont la cendre est encor chaude, il faut se mettre au-dessus de tout soupçon; il faut montrer à tout le sacré collège les Lettres signées Ganganelli; il faut les déposer dans la bibliothèque du Vatican, avec les attestations de tous ceux qui auront reconnu l'écriture. Sans quoi, on est reconnu par toute l'Europe pour un homme qui a osé prendre le nom d'un pape afin de vendre un livre. *Reus est quia filium dei se fecit.*

Pour moi, j'avoue que quand on me montrerait ces mêmes Lettres munies d'attestations, je ne les croirais pas plus de Ganganelli que je ne crois les lettres de Pilate à Tibère écrites en effet par Pilate.

Et pourquoi suis-je si incrédule sur ces Lettres? C'est que je les ai lues; c'est que j'ai reconnu la supposition à chaque page. J'ai été assez intimement lié avec le Vénitien

Algarotti pour ſavoir qu'il n'eut jamais la moindre correſpondance, ni avec le cordelier Ganganelli, ni avec le conſulteur Ganganelli, ni avec le cardinal Ganganelli, ni avec le pape Ganganelli. Les petits conſeils donnés amicalement à cet Algarotti & à moi n'ont jamais été donnés par ce bon moine devenu bon pape.

Il eſt impoſſible que Ganganelli ait écrit à Mr. Stuard Ecoſſais, *mon cher Monſieur, je ſuis ſincérement attaché à la nation Anglaiſe. J'ai une paſſion décidée pour vos grands poëtes.*

Que dites-vous d'un Italien qui avoue à un homme d'Ecoſſe, *qu'il a une paſſion décidée pour les vers anglais*, & qui ne ſait pas un mot d'anglais ?

L'éditeur va plus loin, il fait dire à ſon ſavant Ganganelli, *Je fais quelquefois des viſites nocturnes à Newton, dans ce tems où toute la nature eſt endormie, je veille pour le lire & pour l'admirer. Perſonne ne réunit comme lui la ſcience & la ſimplicité; c'eſt le caractère du génie qui ne connait ni la bouffiſſure, ni l'oſtentation.*

Vous voyez comment l'éditeur ſe met à

la place de ſon pape, & quelle étrange louange il donne à Newton. Il feint de l'avoir lu, & il en parle comme d'un ſavant bénédictin profond dans l'hiſtoire & qui cependant eſt modeſte. Voilà un plaiſant éloge du plus grand mathématicien qui ait jamais été, & de celui qui a diſſéqué la lumière.

Dans cette même Lettre il prend Berkeley évêque de Cloine pour un de ceux qui ont écrit contre la religion chrétienne; il le met dans le rang de Spinoſa & de Bayle. Il ne ſait pas que Berkeley a été un des plus profonds écrivains qui ayent défendu le chriſtianiſme. Il ne ſait pas que Spinoſa n'en a jamais parlé, & que Bayle n'a fait aucun ouvrage nommément ſur un ſujet ſi reſpectable.

L'éditeur dans une lettre à un abbé Lami, fait dire à ſon prête-nom Ganganelli, *que l'ame eſt la plus grande merveille de l'univers, ſelon les paroles du Dante.* Un pape ou un cordelier pourait à toute force citer le Dante, afin de paraître homme de lettres; mais il n'y a pas un vers de cet étrange poëte le Dante, qui diſe ce qu'on lui attribue ici.

Dans une autre lettre à une dame Vénitienne, Ganganelli s'amuse à réfuter Loke; c'est-à-dire, que monsieur l'éditeur très-supérieur à Loke, se donne le plaisir de le censurer sous le nom d'un pape.

Dans une lettre au cardinal Quirini, monsieur l'éditeur s'exprime ainsi, *Votre éminence qui aime beaucoup les Français leur aura surement pardonné leurs gentillesses, quoique ce soit au détriment de la dignité. Il n'y a pas de mal que dans tous les siècles pris collectivement il y ait des étincelles, des flammes, des lys, des bluets, des pluies, des rosées, des fleuves, des ruisseaux. Cela peint parfaitement la nature. Et pour bien juger de l'univers & des tems, il faut réunir les différens points de vue & n'en faire qu'un seul optique.*

De bonne foi, croyez-vous que le pape ait écrit ce fatras en français contre les Français?

N'est-il pas plaisant que dans la lettre cent-onzième Ganganelli, devenu récemment cardinal, dise, *Nous ne sommes pas cardinaux pour en imposer par notre faste, mais pour être colonnes du St. Siège. Tout jusqu'à notre habit rouge nous rappelle que jusqu'à l'effusion de notre sang nous devons tout employer pour venir*

venir au secours de la religion. Quand je vois le cardinal de Tournon voler aux extrémités du monde pour y faire prêcher la vérité sans aucune altération, ce magnifique exemple m'enflamme, & je suis prêt à tout entreprendre.

Ne semble-t-il pas par ce passage qu'un cardinal de Tournon quitta les délices de Rome en 1706 pour aller prêcher l'empereur de la Chine, & pour être martyrisé ? Le fait est qu'un prêtre savoyard nommé *Maillard*, élevé à Rome dans le collège de la Propagande, fut envoyé à la Chine en 1706 par le pape Clément XI, pour rendre compte à la congrégation de cette Propagande, de la dispute des jacobins & des jésuites sur deux mots de la langue chinoise. Maillard prit le nom de Tournon. Il eut bientôt des lettres de vicaire apostolique en Chine. Dès qu'il fut vicaire apôtre il crut savoir mieux le chinois que l'empereur Camhy. Il manda au pape Clément XI, que l'empereur & les jésuites étaient des hérétiques. L'empereur se contenta de le faire conduire en prison à Macao. On a écrit que les jésuites l'empoisonnèrent. Mais avant que le poison eût opéré, il eut, dit-on, le crédit d'obtenir une barette du pape. Les Chinois ne savent guères ce que c'est qu'une barette. Maillard mourut dès que sa barette fut arrivée. Voilà l'histoire fidèle de cette facétie. L'éditeur suppose que Ganganelli était assez ignorant pour n'en rien savoir.

Enfin, celui qui emprunte le nom du pape Ganganelli, pousse son zèle jusqu'à dire dans sa lettre cinquante-huitiéme à un Bailli de la république de St. Marin, „ Je ne vous enverrai point le livre que vous vouliez „ avoir. C'est une production tout-à-fait „ informe, mal traduite du français, & qui „ pullule d'erreurs contre la morale & contre „ le dogme. On n'y parle que d'humanité, „ car c'est aujourd'hui le beau mot „ qu'on a finement substitué à celui de charité, „ parce que l'humanité n'est qu'une „ vertu payenne. La philosophie moderne „ ne veut plus de ce qui tient à la religion „ chrétienne ".

Vous remarquerez soigneusement que si notre pape craint le mot d'humanité, le Roi très-chrétien s'en sert hardiment dans son édit du 12 Avril 1776, par lequel il fait distribuer gratis des remèdes à tous les malades de ſon royaume, l'édit commence ainſi, *Sa Majeſté voulant déſormais pour le beſoin de l'humanité*, *&c.*

Mr. l'éditeur peut être inhumain ſur le papier tant qu'il voudra. Mais il permettra que nos Rois & nos miniſtres ſoient humains. Il eſt clair qu'il s'eſt étrangement mépris ; & c'eſt ce qui arrive à tous ces meſſieurs qui donnent ainſi leurs productions ſous des noms reſpectables. C'eſt l'écueil où ont échoué tout les feſeurs de teſtamens. C'eſt ſurtout à quoi l'on reconnut Boiſguilbert qui oſa imprimer ſa dixme royale ſous le nom du maréchal de Vauban. Tels furent les auteurs des mémoires de Vordac, de Montbrun, de Pontis, & de tant d'autres.

Je crois le faux Ganganelli démaſqué. Il s'eſt fait pape; je l'ai dépoſé. S'il veut m'excommunier, il eſt bien le maître.

AU MEME,

SUR LES ANEDOCTES.

C'Eſt un petit mal il eſt vrai, Monſieur, qu'on ait attribué au pape Ganganelli & à la reine Chriſtine des Lettres que ni l'un ni l'autre n'ont pu écrire. Il y a longtems que des charlatans trompent le monde pour de l'argent. On doit y être accoutumé depuis que le grave hiſtorien Flavien Joſeph nous a certifié qu'on voyait encor de ſon tems un bel écrit du fils de Seth, c'eſt-à-dire d'un propre petit-fils d'Adam ſur l'aſtrologie, qu'une partie de ce livre était gravée ſur une colonne de pierre pour réſiſter à l'eau, quand le genre humain périrait par le déluge, & l'autre partie ſur une colonne de brique pour réſiſter au feu quand l'incendie univerſel détruirait le monde. On ne peut datter de plus haut les menſonges par écrit. Je crois que c'eſt l'abbé de Tilladet qui diſait, *dès qu'une choſe, eſt imprimée pariez ſans l'avoir lue qu'elle n'eſt pas vraie, je ſerai toujours de moitié avec vous, & ma fortune est faite.* Que voulez-vous en effet qu'on pense de tous ces libelles sans nombre, de ces ana, de ces satyres de la cour qui amusent & fatiguent la France depuis le tems de la ligue jusqu'à la fronde, & depuis la fronde jusqu'à nos jours.

C'est encor pis chez nos voisins ; il y a cent ans que la moitié de l'Angleterre écrit contre l'autre.

Un Mathusalem qui passerait toute sa vie à lire n'aurait pas le tems de parcourir la centiéme partie de ces sottises. Elles tombent toutes dans le mépris ; mais non pas dans l'oubli. Vous trouvez des curieux qui rassemblent ces vieux fatras & qui croient avoir des monuments de l'histoire, comme on voit des gens qui ont des cabinets de papillons & des chenilles, & qui se croient des Plines.

De quels faits peut-on être un peu instruit dans l'histoire de ce monde ? des grands événements publics que personne n'a jamais contestés. César a été vainqueur à Pharsale & assassiné dans le sénat. Mahomet II a pris Constantinople ; une partie des citoyens de Paris a massacré l'autre dans la nuit de la

St. Barthelémi. On ne peut en douter. Mais qui peut pénétrer les détails ? On apperçoit de loin la couleur dominante ; les nuances échappent néceſſairement.

Voulez-vous croire tout ce que vous dit Tacite, parce que ſon ſtile vous plaît & vous ſubjugue ? Mais de ce qu'on ſait plaire il ne s'enſuit pas qu'on ait dit toujours la vérité. Vous êtes un peu malin : & vous aimez un auteur plus malin que vous. Tacite a beau nous dire au commencement de ſon hiſtoire qu'il faut éviter l'adulation & la ſatyre, qu'il n'aime ni ne hait les empereurs dont il parle, je lui répondrais, vous les haïſſez, parce que vous êtes né Romain, & qu'ils ont été ſouverains ; vous vouliez les faire haïr du genre humain dans leurs actions les plus indifférentes.

Je ne veux juſtifier Domitien envers vous ni envers perſonne. Mais pourquoi ſemblez-vous faire un crime à cet empereur d'avoir envoyé de fréquents couriers s'informer de la ſanté d'Agricola votre beau-père dans ſa dernière maladie ? Pourquoi cette marque d'amitié ou du moins d'attention, ne vous ſemble-t-elle qu'un déſir ſecret de ſe réjouir plutôt de la mort d'Agricola ? Je pourais oppoſer au portrait affreux que vous faites de Tibère, & aux horreurs mémorables que vous en rapportez, les éloges que lui donne le Juif Philon, plus ennemi encor que vous des empereurs Romains. Je pourais même en abhorant Néron autant que vous le déteſtés, vous embarraſſer ſur le projet longtems ſuivi de tuer ſa mère Agripine, & ſurtout la trirême inventée pour la noyer. Je vous expoſerais mes doutes ſur l'inceſte dans lequel cette Agripine voulait engager ſon fils avec elle dans le tems même que Néron ſe préparait à l'aſſaſſiner. Mais je ne ſuis pas aſſez hardi pour ôter un crime à Néron & pour diſputer contre Tacite.

Il me ſuffit, Monſieur, de vous dire que ſi on peut former tant de doutes ſur l'hiſtoire des premiers empereurs Romains ſi bien écrite par tant de contemporains illuſtres, on doit à plus forte raiſon ſe défier de tout ce que des barbares ſans lettres ont écrit pour des peuples encor plus barbares & plus ignorants qu'eux.

Dites-moi comment le galimatias aſiatique ſur l'aſtrologie, l'alchymie, la médecine du corps & de l'ame, a fait le tour du monde & l'a gouverné.

AU MEME,

SUR LE FAMEUX COCHER GILBERT.

IL vous ſouvient, Monſieur, de ce fameux procès de Mr. le comte de Morangiés maréchal de camp lequel vous donna tant d'occupation, & de cette cabale abjecte & terrible qui ſe déchaînait contre lui. Il vous ſouvient d'un fiacre nommé *Gilbert* qui était à la tête de la troupe, avec un ancien clerc de procureur nommé *Aubriot*, lequel était alors dans les grands remèdes. Ils ameutaient le peuple, ils ſéduiſaient tous les eſprits. Le cocher Gilbert avait vu maître Liegard Dujonquay ſon intime ami, ne ſachant ni lire, ni écrire, reçu docteur ès-loix, demeurant dans un grenier ſans meubles, & prêt à acheter une charge de conſeiller au parlement. Il l'avait vu, dis-je, comptant cent mille écus en or dans ſon grenier, il avait aidé le docteur ès-loix à ranger cette ſomme, & à la mettre dans des ſacs. Il avait vu ce jeune magiſtrat porter à pied ces cent mille écus en treize voyages à Mr. de Morangiés, & courir chargé d'or l'eſpace de ſix lieues en trois heures.

Le clerc de procureur tout couvert de mercure, d'ulcères & d'onguents depuis les pieds juſqu'à la tète s'était échappé de ſon chirurgien, au riſque de ſa vie, pour voir avec Gilbert cette courſe digne des jeux olimpiques.

Toute la halle, toute la bazoche jointes à des reſtes de convulſionnaires, atteſtaient Dieu en faveur de Dujonquay. Ils atteſtaient, après Dieu, le cocher & le clerc de procureur vérolé. Ces deux témoins, comme on dit, ne pouvaient être ni trompés, ni trompeurs. Ils avaient vu, & ils dépoſaient en conſcience. La cauſe du magiſtrat Dujonquay était ſi juſte, ſon droit ſi évident, qu'un uſurier nommé *Aucour* acheta le procès & le pourſuivit en ſon nom, comme un fripier achète un habit de gala pour le revendre.

Envain Mr. de Sartines alors Lieutenant-général de la police, ſecondé du Lieutenant-criminel, avoit commencé par réprimer ſagement l'inſolence & l'intrigue auſſi abſurde que coupable de Dujonquay & de ſes complices. Le peuple cria que les Pilates oprimaient les juſtes. Les convulſionnaires écrivirent que les commandements de Dieu étaient impoſſibles aux maréchaux de camp, que tout homme de qualité était néceſſairement un fripon, & qu'il n'y avait de vertu que dans les greniers, chez les fiacres & chez les clercs de procureur attaqués de la maladie que Don Calmet attribue au ſaint homme Job. La voix du peuple eſt la voix de Dieu. Cette voix fut ſi éclatante & ſi forte que le procès ayant été d'abord renvoyé par le parlement au bailliage du palais, pour être jugé en première inſtance, cette petite juriſdiction fit mettre le comte de Morangiés en priſon, le condamna à rendre cent mille écus qu'il n'avait jamais pu recevoir, & adjugea trois mille ſix cent livres au généreux cocher pour récompenſer ſa vertu.

Le parlement eut bien de la peine à réparer l'horreur & le ridicule de cette ſentence. La cabale accuſa le parlement d'ètre cabale lui-même. Des avocats continuèrent à écrire que le maréchal de camp avait corrompu le parlement, le châtelet & la police. Un des défenseurs du cocher Gilbert dit dans son mémoire que la présence de ce vertueux cocher fit trembler le juge qui l'interrogeait. C'était Caton que les satellites d'un tyran traînaient en prison.

Enfin, Monsieur, on me mande de Paris que ce Gilbert, ce Caton des fiacres, après avoir souvent esquivé la corde, vient d'être surpris en flagrant délit, & convaincu d'être voleur & faussaire. Je ne sais pas si la cabale le sauvera d'un châtiment capital; mais je sais que dès qu'un gueux est parvenu à se faire un parti dans la populace, ce parti n'est pas toujours anéanti à la mort du chef. Un seul enthousiaste suffit pour en ranimer la cendre. Si la justice faisait pendre le cocher Gilbert, le fanatisme ferait son panégirique au pied de la potence. On invoquerai Gilbert comme le martyr du peuple immolé à la cour; & qui sait où cette passion pourait aller?

On conte qu'un prêtre Irlandais, *qui vivait à Paris d'arguments & de messes*, mit un jour par mégarde dans sa poche un calice d'or appartenant à une chapelle royale. Comme on allait l'exécuter un de ſes camarades cria au peuple, voyez comme on traite ici les bons *cathliques*. Ce ſeul mot excita une ſédition. Je ne garantis pas cette hiſtoire ; car de mille je puis à peine en croire une.

Si vous me demandez comment dans un ſiècle auſſi éclairé que le nôtre, une grande partie du public a été aſſez maligne & aſſez ſotte pour ſoutenir la miſérable cauſe des gredins qui ont accuſé le comte de Morangiés ? Je vous répondrai que du moins on ne voit plus dans nos jours de ces procès criminels qui reſſemblent à des champs de carnage, tels que celui des Templiers condamnés à mourir dans les flammes comme des apoſtats, après avoir combattu ſoixante ans pour la foi ; tels que celui d'un prince d'Armagnac dont le ſang fut verſé goutte à goutte ſur la tête de ſes enfans par les bourreaux de Louis XI, ou celui d'un comte de Montecuculli écartélé ſous François premier parce que le dauphin avait bu imprudemment à la glace ; ou d'un conſeiller Du Bourg pendu pour avoir recommandé la vertu de la tolérance ; ou d'un Ramus, dont le cadavre ſanglant fut traîné aux portes de tous les collèges pour faire amande honorable aux quiddités, & aux ecceités d'Ariſtote; ou d'un maréchal de Marillac mené à la Grève dans un tombereau, parce que ſon frère déplaiſait à un miniſtre, &c. &c. Nous avons eu à la vérité il y a quelques années, des exemples atroces, abſurdes, exécrables, mais plus rarement qu'autrefois. La France & l'Europe en ont témoigné leur horreur. Nos pères regardèrent pendant douze ſiècles avec des yeux indifférens, une ſuite non interrompue d'abominations publiques. Aujourd'hui la voix des ſages ſemble en arrêter un peu le cours. &c. Mais qui ſait ſi la voix (des ſages & des juſtes, c'eſt la même choſe), l'emportera toujours ſur le rugiſſement des pervers fanatiques.

A MON-

A MONSIEUR L'ABBÉ SPALANZANI.

A Ferney le 6 Juin 1776.

VOtre lettre du 31 Mai ranime mes anciens goûts & mes anciennes efpérances. J'avais renoncé à l'honneur de rendre des têtes à des colimaçons. J'avais la modeftie de croire que je n'étais point du tout propre à faire des miracles. Je me fouvenais pourtant très-bien d'avoir vu revenir des têtes aux limaffes incoques que j'avais décapitées. Mais de bons naturaliftes avaient bien rabatu ma vanité en me perfuadant que je n'étais qu'un mal adroit, & que je n'avais coupé que des vifages dont la peau revient aifément. Mais puifque vous m'affurez que vous avez coupé des vraies têtes, & qu'elles font revenues, *io ripiglio la mia confidenza*, & je recommence à croire la nature capable de tout.

Ce que vous m'apprenez d'animaux morts depuis longtems reffufcités par vous, eft affurément un plus grand miracle. Vous paffez pour le meilleur obfervateur de l'Europe.

Toutes vos expériences ont été faites avec la plus grande ſagacité. Quand un homme tel que vous nous annonce qu'il a reſſuſcité des morts, il faut l'en croire.

Je ne ſais ce que c'eſt que le *Cotifero* & le *Tardi grado*, ni comment nos naturaliſtes nomment ces petits animaux aquatique, vous les faites réellement mourir en les mettant à ſec, & vous les faites revivre longtems après en les replongeant dans leur élément.

Après avoir fait, Monſieur, des expériences ſi prodigieuſes, vous deſcendez juſqu'à me demander mon ſentiment ſur les ames du Cotifero & du Tardi grado; que devient leur ame, eſt-elle immatérielle? renait-elle? en reprennent-ils une autre?

Je ſuis en peine, Monſieur, de toute ame, & de la mienne. Mais il y a longtems que je ſuis perſuadé de la puiſſance immenſe & inconnue de l'auteur de la nature. J'ai toujours cru qu'il pouvait donner la faculté d'avoir du ſentiment, des idées, de la mémoire, à tel être qu'il daignera choiſir; qu'il peut ôter ces facultés & les faire renaître, & que nous avons ſouvent pris pour une ſubſtance ce qui eſt en effet une faculté de cette ſubſtance. L'attraction, la gravitation eſt une qualité, une faculté. Il y a dans le genre animal & dans le végétal, mille reſſorts pareils, dont l'énergie eſt ſenſible, & dont la cauſe ſera ignorée à jamais.

Si le Cotifero & le Tardi grado morts & pouris reviennent en vie, reprennent leur mouvement, leurs ſenſations, engendrent, mangent, & digèrent, on ne ſaura pas plus comment la nature leur a rendu tout cela, qu'on ne ſaura comment la nature le leur avait donné; & l'un n'eſt pas plus incompréhenſible que l'autre. J'avoue que je ferais curieux de ſavoir pourquoi le grand Etre, l'auteur de tout, qui nous fait vivre & mourir, n'accorde la faculté de reſſuſciter qu'au Cotifero & au Tardi grado. Les baleines doivent être bien jalouſes de ces petits poiſſons d'eau-douce.

Si quelqu'un a droit, Monſieur d'expliquer ce miſtère, c'eſt vous. Il eſt bon auſſi de ſavoir ſi ces petits animaux qui reſſuſcitent pluſieurs fois, ne meurent pas enfin tout de bon, & ſur combien de réſurrections ils peuvent compter.

C'eſt apparamment d'eux que les Grecs apprirent.

apprirent autrefois la résurrection d'Atalide, de Pelops, d'Hippolite, d'Alceste, de Pirritoüs. C'est dommage que le secret en soit perdu. Je crois que c'est Mr. Bonnet, grand observateur, qui a prétendu que nous ressusciterions avec notre devant, mais sans derrière. C'est là le fin du fin, &c.

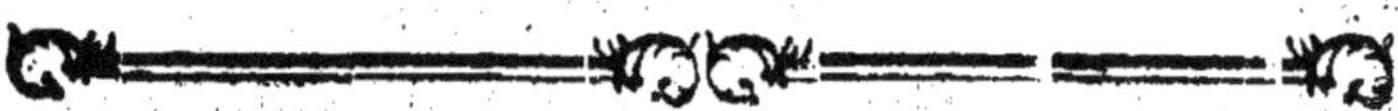

A MR. B.....

De l'Académie des Sciences; auteur d'un livre plein de science & de génie, sur l'astronomie ancienne.

VOus faites, Monsieur, comme les missionnaires qui vont convertir les gens dans les pays dont nous parlons. Dès qu'un pauvre Indien est convenu de la création *ex nihilo*, ils le mènent à toutes les autres vérités sublimes dont il est stupéfait. Vous n'êtes pas content de m'avoir appris des vérités longtems cachées, vous voulez encor que je croye à votre ancien peuples perdu, qui devina l'astronomie, & qui l'enseigna aux nations avant de disparaître de la terre.

Vous m'avez ébranlé & presque converti.

D'abord je suis frappé de votre conjecture très-ingénieuse, & même plausible, que l'astronomie avait du naître dans le climat où le plus long jour est de seize heures, & le plus court de huit. Mais ma faiblesse pour les anciens bracmanes, pour les maîtres de Pythagore, m'a un peu retenu.

J'avais lu Bernier il y a longtems. Il n'a ni votre science, ni votre sagacité, ni votre style. Il me parut qu'il parlait de la philosophie antique de l'Inde comme un indien parlerait de la nôtre, s'il n'avait entretenu que nos bacheliers, au lieu de s'instruire avec des hommes comme vous. Bernier fit un petit voyage à Bénarès. D'accord ; mais avait-il conversé avec le petit nombre de Brames qui entendent la langue du Shasta ? Deux directeurs du comptoir anglais de Calcuta peu éloigné de Bénarès, m'assurèrent il y a quelques années, que les véritables savans Brames ne se communiquaient presque jamais aux étrangers. Et Mr. le Gentil qui en sait plus qu'eux, avoue que les petits savans de province qui demeurent dans le voisinage de Pondicheri, ont pour nous le même mépris dont leurs ancêtres honorèrent les Portugais.

Si un Bernier indou était venu à Paris ou à Rome entendre un professeur de la Propagande, ou du collège des Cholets, & s'il jugeait de nous par ces deux animaux, ne nous prendrait-il pas tous pour des fous & des imbéciles ?

Cependant, Monsieur, il me paraît très-surprenant qu'un peuple qui certainement avait étudié les mathématiques depuis cinq mille ans, fût tombé dans l'abrutissement que Bernier & d'autres voyageurs lui attribuent. Comment dans la même ville a-t-on pu inventer la géométrie, l'astronomie, & croire que la lune est cinquante mille lieues au-delà du soleil ? Ce contraste me fesait de la peine. Mais l'avanture de Galilée & de ses juges m'en fesait davantage ; & je me disais comme arlequin, *Tutto il mondo e fatto come la nostra famiglia.*

Ensuite je me figurais qu'une nation pouvait avoir été autrefois très-instruite, très-industrieuse, très-respectable ; & être aujourd'hui très-ignorante à beaucoup d'égards, & peut-être assez méprisable ; quoiqu'elle eût beaucoup plus d'écoles qu'autrefois. Si vous alliez aujourd'hui, Monſieur, propoſer au ſacré collège de vous faire une Quinquirême, je doute que vous fuſſiez auſſi bien ſervi que du tems d'Auguſte. Le gouvernement Tartare a bien pu produire d'auſſi grands changemens dans l'Inde, que les deux clefs de St. Pierre en ont opéré à Rome.

Il faut vous faire ma confeſſion entière. Je remarquais qu'autrefois nos nations de la zone tempérée n'imaginaient pas que la terre fut habitée au-delà du cinquantiéme degré de latitude boréale ; & je fefais encor honneur à mes Bracmanes d'avoir deviné que le plus long jour d'été était double du plus long jour d'hiver, je pardonnais aux Grecs d'avoir placé les ténèbres cimmériennes préciſément vers le cinquantiéme degré.

Enfin, Monſieur, pardonnez-moi ſurtout, ſi la faibleſſe de mes organes ne m'avais pas permis de croire que l'aſtronomie eut pu naître chez les Usbecs & chez les Calchas. J'habite depuis près de vingt-quatre ans un climat couvert de neiges & de frimats comme le leur pendant ſix mois de l'année au moins. Nos étés nous donnent rarement de beaux jours, & jamais de belles nuits. J'ai eu longtems chez moi un Tartare fort aimable, envoyé par l'Impératrice de Russie. Il m'a dit que le mont Caucase n'est pas plus agréable que le mont jura. Et je me suis imaginé qu'on n'était guères tenté d'observer assiduement les étoiles sous un ciel si triste, surtout lorsqu'on manquait de tous les secours nécessaires.

Il est vrai que l'abbé Chappe a observé le passage de Vénus sur le soleil à Tobolsk vers le cinquante-huitiéme degré, sur le terrain le plus froid, & sous le ciel le plus nébuleux. Mais il était muni de toute la science de l'Europe, des meilleurs instrumens, de la santé la plus robuste. Encor mourut-il bientôt après de telles fatigues.

J'étais donc toujours persuadé que le pays des belles nuits était le seul où l'astronomie avait pu naître. L'idée que notre pauvre globe avait été autrefois plus chaud qu'il n'est, & qu'il s'était refroidi par degré, me fesait peu d'impression. Je n'ai jamais lu le feu central de Mr. de Mairan, & depuis qu'on ne croit plus au tartare & au phlégeton, il me ſemblait que le feu central n'avait pas grand crédit.

La fable du Phénix ne me paraiſſait pas inventée par les habitans du Caucaſe. Mais enfin, Monſieur, votre ſyſtême me paraît ſoutenu d'une ſi vaſte érudition, & appuyé de ſi grandes probabilité, que je ſacrifierais ſans peine mes doutes à votre torrent de lumières.

Je ne ſuis pas digne d'entrer dans l'un des cieux antiques dont vous parlez ſi bien; mais je vous ſupplierais de m'accorder une place dans le quarante-neuviéme degré.

Nous

Nous avons cru devoir imprimer ici l'allégorie de SÉSOSTRIS, *que toute la France attribue à Mr.* de Voltaire.

SÉSOSTRIS.

VOus le ſavez, chaque homme a ſon génie,
Pour l'éclairer, & pour guider ſes pas
Dans les ſentiers de cette courte vie.
A nos regards il ne ſe montre pas;
Mais en ſecret il nous tient compagnie.
On ſait auſſi qu'ils étaient autrefois
Plus familiers que dans l'âge où nous ſommes;
Ils converſaient, vivaient avec les hommes
En bon amis, ſurtout avec les rois.

Près de Memphis ſur la rive féconde
Qu'en tous les tems ſous des palmiers fleuris
Le Dieu du Nil embellit de ſon onde,
Un ſoir au frais le jeune Séſoſtris
Se promenait loin de ſes favoris,
Avec ſon ange; & lui diſait, mon maître,
Me voilà Roi; j'ai dans le fond du cœur
Un vrai déſir de mériter de l'être.
Comment m'y prendre? Alors ſon directeur,

Dit, avançons vers ce grand labirinte
Dont Osiris fonda la belle enceinte.
Vous l'apprendrez. — Docile à cet avis
Le Prince y vole. Il voit dans le parvis
Deux Déïtés d'espèce différente
L'une paraît une beauté touchante,
Au doux sourire, aux regards enchanteurs,
Languissamment couchée entre des fleurs
D'amours badins, de graces entourée
Et de plaisir encor toute enivrée.
Loin derrière elle étaient trois assistans,
Secs, décharnés, pâles & chancelans.
Le Roi demande à son guide fidèle
Quelle est la nimphe & si tendre, & si belle,
Et que font là ces trois vilaines gens.
Son compagnon lui répondit, mon Prince,
Ignorez-vous quelle est cette beauté ?
A votre cour, à la ville, en province,
Chacun l'adore, & c'est la volupté.
Ces trois vilains qui vous font tant de peine
Marchent souvent après leur souveraine,
C'est le dégoût, l'ennui, le repentir,
Spectres hideux, vieux enfans du plaisir.

L'Egyptien fut affligé d'entendre
De ce propos la triste vérité.

Ami, dit-il, daignez auſſi m'apprendre
Quelle eſt plus loin cette autre Déïté,
Qui me paraît moins facile & moins tendre;
Mais dont l'air noble & la ſerénité
Me plaît aſſez. Je vois à ſon côté
Un ſceptre d'or, une ſphère, une épée,
Une balance. Elle tient dans ſa main
Des manuſcrits dont elle eſt occupée.
Tout l'ornement qui pare ſon beau ſein
Eſt une Egide. Un temple magnifique
S'ouvre à ſa voix tout brillant de clarté;
Sur le fronton de l'auguſte portique
Je lis ces mots, *à l'immortalité.*
Y puis-je entrer? — L'entrepriſe eſt pénible,
Repartit l'ange, on a ſouvent tenté
D'y parvenir, mais on s'eſt rebuté.
Cette beauté qui vous ſemble infléxible,
Peut quelquefois ſe laiſſer enflammer.
La volupté plus douce & plus ſenſible,
A plus d'attraits; l'autre ſait mieux aimer.
Il faut pour plaire à la fière immortelle
Un eſprit juſte, un cœur pur & fidèle.
C'eſt la ſageſſe. Et ce brillant ſéjour
Qu'on vient d'ouvrir, c'eſt celui de la gloire.
Le bien qu'on fait y vit dans la mémoire:

Votre beau nom doit y paraître un jour.
Décidez - vous entre ces deux Déesses ;
Vous ne pouvez les servir à la fois.

Le jeune Roi lui dit, j'ai fait mon choix.
Ce que j'ai vu doit régler mes tendresses.
D'autres voudront les aimer toutes deux.
L'une un moment pourait me rendre heureux :
L'autre par moi peut rendre heureux le monde.
A la première avec un air galant
Il appliqua deux baisers en passant ;
Mais il donna son cœur à la seconde.

FIN.

www.ingramcontent.com/pod-product-compliance
Lightning Source LLC
LaVergne TN
LVHW020550230826
846091LV00002B/445

* 9 7 8 2 0 1 9 7 1 0 3 0 9 *